식당
공신

食堂工神
식당공신

박노진
김영록
김유미
박영아
지음

이콘

음식점은 하루 벌어 하루 먹고 사는 힘든 장사다. 예전에는 한 집 건너 식당이 있었다지만, 지금은 같은 건물 아래위층에서 보이지 않는 치열한 생존경쟁이 벌어지고 있다. 오늘 손님이 뜸하면 '옆집은 어떤가' 다른 음식점은 손님이 많은지 슬며시 둘러보기도 한다. 다른 집은 손님이 바글바글한데 우리 집만 텅 비어있으면 답답함과 질투심이 마음 저 밑에서부터 끓어오른다. '왜? 우리 집은 오지 않는 거야! 이렇게나 맛있는 음식을 저렴한 가격에 제공하고 최고의 서비스로 모시고 있는데 사람들은 제대로 된 식당을 알아보지 못하는구나, 쯧쯧.' 하고 혀를 찬다. 저만큼 나온 입과 통명스러운 볼은 오는 손님마저도 쫓아낼 기세다.

과연 그럴까? 세상의 수많은 손님들이 제대로 된 음식점 하나 구별하지 못할 정도로 어리석은 사람들일까? 아니다. 말 없는 다수의 소비자들은 정확하게 안다. 어느 음식점이 더 맛있고, 더 만족도가 높은지 소문은 꼬리에 꼬리를 물고, 바로 그 식당에 손님들은 줄을 선다. 손님이 많아 번호표를 받고 대기할지언정 텅 빈 바로 옆 식당에는 눈길조차 주지 않는다. 이것이 최근 소비 특성 중 하나이다. 맛이 없어도, 서비스가 마음에 들지 않아도 손님이 없으니까 우리가 좀 팔아주자던 80년대의 동정심과 애틋함은 애당초 사라져버린지 오래다. 그래서 힘든 업(業)이 음식 장사다.

　나 역시 첫 식당에서 무참하게 패배했다. 더이상 떨어질 곳이 없는 바닥까지 내려가 옴짝달싹하지 못했다. 말 그대로 쫄딱 망한 것이다. 당장 직원들 월급 줄 돈이 없어서 사채의 유혹에까지 빠질 뻔했던 적이 한두 번이 아니었다. '장사가 안되면 어떡하나' 하는 부담과 스트레스 때문에 당뇨까지 얻게 되었다. 하지만 어디에서부터 새롭게 시작해야 할지 몰랐다. 수많은 외식교육과 맛기행을 다녀도 심지어 컨설팅을 받아도 해답을 찾을 수 없었던 그때, 내가 찾은 방법은 '식당공부'였다. 머릿속 아이디어와 공부가 만나 알게 된 실천 방법은 '손님에게 끌려다니는 식당이 아니라 손님을 이끄는 식당이 되어야 한다는 것' 그리고 '손님의 마음을 먼저 알아야 한다는 것'이다. 그리고 '손님이 바라기 전에 먼저 해줘야 한다'는 것도 말이다.

　예를 들어 승진 축하 모임이라면 테이블매트에 승진 축하 메시지를 인쇄해서 놓는다. 식사 도중 어느 한 사람이 문구를 발견하고 당사자에게 보여주면 그 사람은 감동하기 마련이다.

　또 식당마다 특별히 맛있어서 손님들이 자주 찾는 음식이 꼭 있다. 추가로 더 달라고 하기 전에 반가운 멘트와 함께 두 번이고, 세 번이고 더 가져다준다. 물론 종업원들은 조금 고생스럽지만 고객들은 서비스에 만족한다. 처음에는 맛 때문에 찾아오지만 다시 찾는 것은 서비스 때문이라는 말도 있지 않은가!

특별한 이벤트나 끝내주는 레시피 하나가 결코 내 가게를 대박식당으로 만들어주지 않는다. 내 머릿속에 있는 아이디어를 실제 내 음식점에 맞게 접목하고 실행하는 능력을 가지려면 스스로 공부하는 방법밖에 없다. 이것이 어렵다면 차라리 프랜차이즈를 선택하는 편이 나을 것이다.

두번째 식당이 자리를 잡고 나서부터는 산속을 떠돌며 무술을 연마하는 무사처럼 전국을 떠돌아다녔다. 전국 곳곳에 숨어 있는 대박식당의 비결과 노하우를 배우기 위해 5년 동안 좌충우돌하며 찾은 음식점이 100여 곳이 넘는다.

이 책은 내가 운영하고 있는 식당을 포함해 모두 4곳의 대박식당 이야기를 담고 있다. 단순하지만 내공이 깃든 그들만의 노하우를 제대로 전하기 위해 최선을 다했다. 본문에 앞서 이 책에 소개한 대박식당의 공통점을 몇 가지 말하고자 한다.

첫번째 공통점은 '공부하는 사장'이라는 것이다. 짐 콜린스의 『좋은 기업을 넘어 위대한 기업으로』에서 나오는 단계5의 리더십을 그대로 옮겨놓은 듯 겸손하고 앞에 나서지 않는다. 그렇지만 배움에 있어서만큼은 그 누구보다도 적극적이고 시간과 비용을 아끼지 않는다.

두번째는 식당 위치가 비교적 '좋은 입지'는 아니라는 것이다. 4곳 모두 처음 식당을 시작했을 때 돈이 부족해서 어쩔 수 없이 외진 곳을 선택할 수밖에 없었다. 그럼에도 불구하고 더 이상 물러설 수 없다는 절박감으로 대박식당을 일궈낸 것이다.

세번째는 '시스템이 있는 식당'이라는 것이다. 시스템은 한마디로 스스로 돌아가는 체계를 말한다. 사장이 없어도 된다는 뜻이 아니라 주방과 홀의 매뉴얼을 만들고, 직원들이 그대로 실행할 수 있게 만드는 것이다. '시스템이 있다'는 것은 장사가 아니라 경영의 관점으로 식당을 보는 것이다. 경영은 하루 벌어, 하루 먹고 사는 장사의 개념을 뛰어넘어 식당의 5년 후, 10년 후를 꿈꾸게 한다. 그리고 결국에는 성공적인 레스토랑 비즈니스를 일구게 해준다.

음식점이 70만 개를 훌쩍 넘어서고 있다. 신규창업의 절반이 외식시장에 몰려 있다. 생계형 창업에서부터 기업형 창업에 이르기까지 그 종류도 다양하다. 모두 성공하고 싶은 욕망을 가지고 외식업을 시작하지만, 식당은 누군가에게는 희망이 되고, 또다른 누군가에게는 평생 이룬 피땀을 한순간에 빼앗아가는 블랙홀이 된다. 외식업에서 성공하려면 성공하고 싶은 만큼 고통의 순간을 견뎌야 하고, 남의 성공에 대한 질투와 시기로 심장이 끓어야 한다. 그렇게 밤을 지새우며 고민하고 음식을 배워야만 열에 한두 명 성공하는 것이다.

이 책은 그런 이들의 잔잔한 이야기로 채워져 있다. 눈물 젖은 빵을 먹으며, 제대로 된 잠자리도 없이 트럭 안에서 내일을 위해 꼬박 밤을 지새운 이들의 성공스토리이다. 진부한 이야기로 들릴 수도 있지만 성공은 바로 그 진부함 속에서 나온다는 사실을 잊지 말기 바란다.

박노진

1부

담양愛꽃

식당은 아무나 할 수 있는
일이 아니다

식당은 누구나 하는 차선책이 아니다. 아무나 할 수 없는 최선책이다. 여기 두 사람이 있다. 먹는 장사가 진입장벽이 낮으니 식당이나 하자는 사람과 식당을 하겠다는 꿈을 품고 인생의 모든 경험과 선택을 식당과 관련된 일로 채운 사람. 이 두 사람은 그 시작부터가 다르다. 실제 '담양愛꽃(이하 담양애꽃)' 박영아 대표는 10대 시절부터 식당을 하겠다는 꿈을 품고, 20대 대부분의 시간을 식당을 하기 위해 필요한 기초를 쌓으며 보냈다. 현재 담양애꽃이 효율적인 작업환경과 모든 데이터를 수치화하는 체계적인 운영시스템을 갖추고 있는 것은 결코 우연의 결과가 아니다. 탄탄한 기초와 철저한 준비가 뒷받침되었기 때문이다.

담양愛꽃,
10년 만에 꽃피우다

어린 시절부터 가슴에 품은 꿈, 식당

담양애꽃 박영아 대표는 18살 때 처음 식당을 해야겠다는 꿈을 품었다. 먹는 것은 변하지 않으니 '식당을 하면 굶지는 않겠구나. 그렇다면 내 식당을 만들어야겠다.'는 생각이 담양애꽃의 씨앗이 되었다. 선택의 기로에 놓일 때마다 모든 일들을 식당 기준으로 생각했다. 그렇게 하다보니 우연인지 필연인지 전혀 관련이 없을 거라 생각했던 경험마저 결국 식당으로 연결됐다. 예를 들면, 고등학교 때와 대학 때 전공이었던 기계설계가 담양애꽃 이동동선과 설비설계를 짜는 데 도움이 된 것이다. 뜻을 품으니 모든 행동들은 그 뜻을 향해 모였다.

Q "어릴 때부터 요리나 음식에 남다른 재능이 있었나요?"

A "어릴 때는 뭐든지 만드는 것을 좋아했어요. 요리에도 관심이 많았고요. 초등학생 때 어머니께 요리를 만들어드렸는데 칭찬을 많이 받은 기억이 있어요. 그리고 또렷하지는 않지만 먹을 것이 생기면 친구들과 나눠먹는 것을 좋아했던 것 같아요. 고등학교 때 피자집에서 아르바이트를 했었는데 사장님께서 장사하시는 것을 보면 당장 식당을 하고 싶다는 생각이 들 정도였어요."

그는 식당을 하려면 종잣돈이 모여야 가능하겠다는 생각이 들었다. 돈을 벌기 위해 교수님의 추천으로 졸업도 하기 전에 입사를 했고 그때 입사한 회사가 기계설계 회사였다. 회사원으로서 만난 선배들의 일상은 일본 연수를 다녀오고 10년 이상의 경력을 쌓더라도 삶의 즐거움이나 일에 대한 열정은 전혀 찾아볼 수가 없었다. 대부분의 회사 선배들은 직장생활을 오래해서인지 융통성이 없었고, 그 모습을 옆에서 지켜보면서 언젠가는 남의 일이 아닌 '내 식당'을 차려서 '내 일'을 하겠다는 다짐을 하며 회사생활을 버텼다.

6개월 만에 회사를 그만두고 곧바로 과일 유통 사업을 하는 삼촌을 찾아갔다. 식당 역시 장사이므로 장사를 본격적으로 배우기 위해서였다. 어떤 일이든 내 일처럼 책임감을 가지고 하자 삼촌도 그를 알아보고 금세 박영아 대표에게 전적으로 일을 맡겼다. 삼촌이 산지공판장에서 과일을 사오면 직접 도매시장 경매감정을 하고 과일을 팔았다. 이때 과일에 대한 많은 지식과 정보를 알게 되었다.

대졸자가 트럭 운전을 한다고 하니 주변 사람들의 삐딱한 시선도 받았고, 말도 많았다. 하지만 예전에 다니던 회사의 신입사원 월급이 120만 원이었는데 화물 트럭 운전으로 하루 일당 20만 원을 벌었으니 웬만한 회사원 봉급보다 나았다. 박영아 대표는 직업에는 귀천이 없다고 생각했고, '앞으로 할 일은 식당'이라는 뚜렷한 목표가 있었기 때문에 트럭 운전을 마다할 이유가 없었다. 그때는 하루에 3~4시간만 자면서 힘들게 일했지만, 현재 삶의 밑바탕인 일하는 재미를 몸에 익히고 일에 대한 자신감을 쌓은 시기였다. 물론 때로는 많이 힘들어 '왜 일하나? 공황 상태까지 겪으면서 이렇게 살아야 하나?' 하며 삶에 대해 많은 생각을 하기도 했다. 하지만 이런 고민 속에서 자신을 더 잘 알게 되었을뿐만 아니라 세상이 어떻게 돌아가는지도 깨달을 수 있었다.

이렇게 2000년과 2001년, 2년간 트럭 운전을 하면서 제법 큰돈을 모았다. 그때쯤 삼촌은 박영아 대표에게 과일 유통 사업을 같이 해보는 게 어떠냐고 제안해왔다. 어린 나이에 많은 돈을 벌 수 있는 기회였지만 그 일이 자신의 업이 아니라는 생각이 들었고, 무엇보다도 자신의 식당을 하겠다는 목표를 반드시 이루겠다는 심정으로 삼촌의 제안을 거절하고 제빵 학원을 등록했다.

제빵 학원에서도 나만의 식당을 열겠다는 꿈은 식지 않았다. 도시락을 싸가지고 다니면서 열심히 공부한 결과, 6개월 안에 따기도 힘든 자격증 2개를 4개월 만에 동시 취득했다. 정해진 레시피대로 계량하고, 순서대로 만들면 내가 만들고자 했던 바로 그 빵이 나오는 자체가 신기하고 재미있었다. 이때 레시피대로만 하면 요리가 된다는 것을 알게 되었고, 이 경험이 담양애꽃의 재료 정량화 시스템에 큰 밑거름이 되었다.

당시 제과제빵 자격증을 따서 바로 제빵사로 취업을 했지만 자신의 식당을 하겠다는 목표를 놓을 수 없었다. 2개월 만에 제빵사를 그만두고 마침 친한 친구가 광주에서 식당을 개업한다기에 10개월 정도를 친구 식당에서 함께 일했다. 그때가 2002년도 였는데 친구 식당일을 하면서 내 식당을 하려면 우선 돈이 필요하다는 사실을 깨달았다. 돈부터 제대로 모아야겠다는 결심을 한 후 2003년부터 2006년까지 4년 동안 5톤 트럭으로 개별 화물 사업자등록을 해서 일했다. 여전히 대졸자가 왜 화물차를 운전하느냐는 시선이 있었지만 오직 자신의 목표인 '내 식당'을 위해 하는 일이었기에 신경쓰지 않았다. 여름에는 삼촌과 과일 유통업을 함께 했고, 겨울에는 배추를 실어나르면서 채소에 대해서도 알아갔다. 4년 동안 화물차를 운전하면서 돈도 많이 모았지만 전국의 맛집을 모두 찾아다니며 맛을 보는 감각을 키워나갈 수 있었다. 이때부터 미각이 더 예민해졌다.

선택의 기로에 설 때마다 항상 판단의 기준이 되어주는 '식당'이라는 목표가 있다보니 선택과 실행력은 누구보다 빨랐다. 회사를 6개월 만에 그만두고, 장사를 배우기 위해 화물 트럭을 2년간 운전했다. 그렇게 식당 일에서 멀어지나 했더니 제빵사로 돌아왔다. 한결같이 식당이란 꿈을 갖고 일을 하다보니 채소 유통, 개별 화물 사업과 같이 각기 다른 분야의 일이어도 식당과 관련된 것이라면 무엇이든 조금이라도 익힐 수 있는 일을 선택했다. 그리고 실제로 이 모든 경험들이 지금 담양애꽃에 전부 녹아 있다.

갈빗집 사장에서 외식 경영인으로 성장하다

2006년은 그동안 식당을 향했던 간절한 바람, 꾸준한 노력과 준비가 눈처럼 하나로 뭉치기 시작하는 해였다. 2006년 10월, 박영아 대표는 친구가 하던 갈빗집을 그대로 인수해서 오픈했다. 드디어 그렇게 꿈꾸던 내 식당이 생긴 것이다.

인수하기로 한 '원조갈빗집'은 정육점을 하던 친구가 거래하던 식당 중에서 가장 많은 물량을 주문하던 곳이었다. 마침 갈빗집 사장님이 식당을 넘기고 싶어해서 친구는 생각에도 없던 식당을 보증금 2억에 월세 500만 원을 주고 그대로 인수했다. 하지만 계획에 없던 식당 운영을 해보니 너무 힘들었고, 6개월 후 결국 같은 조건으로 식당을 인수할 사람을 찾았다. 그때 친구는 식당을 하겠다는 꿈을 품고 있는 박영아 대표를 떠올렸고, 보증금 2억은 본인이 지불할 테니 월세 800만 원으로 식당을 인수해보라고 제안했다. 덕분에 박영아 대표는 그토록 바라던 식당을 시작할 수 있게 된 것이다.

박영아 대표가 인수한 원조갈빗집은 담양애꽃보다 더 큰 규모의 식당이었다. 부지 1,000평에 테이블 40개로 식당 평수만 100평 정도였고,

경력 10년에 달하는 베테랑 아주머니 여덟 분 덕분에 음식 나오는 건 걱정할 필요도 없었다. 박영아 대표는 20여 일간 인수교육만 받고 바로 실전에 투입됐다. 남들보다 요리를 쉽게, 잘하는 재능과 섬세한 미각을 타고난 박영아 대표는 원조갈빗집의 요리들을 빠르게 익혔고, 하는 요리마다 맛있다는 칭찬을 많이 받았다.

아직 식당에 대한 전문적인 지식이 많이 없을 때라 아주머니가 레시피 없이 눈대중으로 양념을 넣어서 음식을 만드는 것도 신기하기만 했다. 그토록 하고 싶었던 식당이라서 그랬는지 몰라도 모든 일이 새롭고 재미있었다. 처음부터 내가 사장이라는 생각보다는 초보이니 많이 보고 배우자는 겸손한 마음으로 일을 했더니 베테랑 직원들이 많이 도와주었다. 베테랑 아주머니 한 분은 "박사장 계약 기간이 2년밖에 안되니까 고기 많이 팔아야 한다. 그러니 고기 더 가져와라"라고 대신 말씀하실 정도였다. 또 "장사도 다 때가 있다. 돈 벌 때 더 벌어라"라고 말씀하시며 신경써주시는 분도 계셨다.

원조갈빗집은 기존에도 워낙 명성이 있는 곳이었지만 박영아 대표가 인수한 후 가게가 깔끔해졌다는 이야기를 손님들로부터 자주 들었다. 음식은 아침마다 시장에 가서 좋은 재료를 사서 만들었고, 동일한 맛이 나오도록 정량화, 계량화 작업을 해서 일정한 맛을 유지했다. 오래되어 낡은 수저는 전부 새것으로 교체했고, 음식을 담을 때도 깔끔한 느낌이 들도록 그릇 중앙에 담는 것을 직원들에게 교육했다. 직원들도 식당 사장이 깔끔한 것을 좋아한다는 것을 알고부터는 음식 담음새에 먼저 신경쓰기 시작했고 점차 가게 전체 분위기가 바뀌기 시작했다. 그리고 손님들에게 무조건 많이 퍼줬다. 그 당시에는 손님들에게 푸짐하게 대접하고 싶어서 원가는 생각하지 않고 반찬 가짓수를 계속 늘렸고, 별도의 메뉴로 나가던 요리인 소고기육회를 서비스로 드리기도 했다. 다른 곳에서 맛있는 반찬을 알게 되면 기존 반찬은 유지하면서 새 반찬을 추가로 올렸다. 그렇게 상차림은 계속 푸짐해졌고 손님들 반응도 좋았다. 식당은 한두 달 사이에 자리를 잡기 시작했다. 접객 서비스에 특별한 노하우가 있지는 않았지만 식당 하기 전부터 내 식당을 하면 한번 해 봐야지 하고 생각했었던 것들을 실제로 손님들에게 서비스했다. 주말에는 손님을 밖에서 맞이했고 비가 오면 우산을 받쳐드렸다. 차문을 먼저 열어드리고 주차할 때는 발레파킹 서비스도 제공했다.

이렇게 실제로 식당을 운영하면서 식당일이 어떤 것인지 하나씩 배워갔다. 지금 담양애꽃의 식당 운영, 요리, 직원 관리는 모두 이때의 경험을 바탕으로 만들어진 것이다. 직원들에게 장사가 잘되면 그날 보너스를 지급했고, 한분 한분을 진심으로 대했다. 하지만 그렇게 6개월을 운영하니 분명 장사는 잘되는데 이상하게도 통장에 잔고가 남아 있지 않았다. 고기는 아무리 많이 팔아도 원가가 워낙 비싸다보니 장사가 잘되는 게 오히려 겁이 날 정도였다. 그래서 2007년 4월, 오픈 6개월 만에 안산에서 직장생활을 하던 아내를 설득해 본격적으로 식당일을 함께하고, 박영아 대표는 그때부터 공부를 하기 시작했다. 전남대 외식산업 최고경영자과정을 시작으로 지금까지 일주일에 최소 한 번은 수업을 들으며 공부하는 습관도 이때부터 시작됐다. 8~9개월 직접 식당을 운영한 경험이 있으니 학교에서 배우는 지식은 더 빨리 흡수됐고 습득한 지식을 바로 원조갈빗집에 적용할 수 있었다.

사소한 것도 손님 입장에서 생각했다. 음식에서 이물질이 나오지 않도록 늘 신경을 쓰지만 혹시라도 이물질이 나오면 같은 음식을 다시 갖다드릴지 다른 음식으로 바꿔드릴지를 먼저 물었다. 주문을 다시 받은 다음에는 음식이 나올 때까지 드실 수 있도록 음료수를 제공해드리고 진심 어린 사과를 드렸다. 이것이 식당을 하면서 익힌 노하우와 더불어 수업에서 배운 이론을 적용한 예이다.

"손님으로부터 불만이 나오면 절대 그 자리에서 바로 변명을 하면 안됩니다. 그것이 맞든 틀리든 손님의 이야기를 먼저 들어야 합니다."

이미 타고난 미각과 후각, 요리에 대한 재능이 있음에도 불구하고 자나깨나 더 나은 식당 운영 방법을 모색하고 실행해나갔다. 공부를 하면서 새로운 사실도 알게 되었다. 자신이 하고 있는 갈빗집은 고기 원가 자체가 비싸서 아무리 많이 팔아도 원가 비율은 줄어들지 않는다는 것이었다. 외식업에서는 이것을 '원가를 잡는다'고 말한다. 그래서 식당을 준비하는 사람들에게 처음 아이템을 선정할 때 철저하게 원가를 계산해보고, 원가를 잡기 어려운 아이템은 충분히 고려한 후 시작하라고 당부한다.

Q "식당 아이템을 선정할 때 원가가 잡힌다, 원가가 잡히지 않는다는 것은 무슨 뜻인가요?"

A "원가가 고정된 아이템은 많이 팔아도 재료비는 고정적으로 들어갑니다. 많이 판 만큼 재료에 들어가는 비용도 상승하니까요. 하지만 그렇지 않은 아이템이라면 많이 팔면 팔수록 원가 비율 자체가 낮아지면서 매출이 극대화될 수 있습니다.

원가가 잡히는 아이템의 경우, 1천만 원 팔 때 원가 비율이 40%였다면 2천만 원 팔 땐 35%로 떨어집니다. 예를 들면 고깃집은 고기를 많이 팔면 고깃값도 같이 많이 들어서 원가가 잡히지 않습니다. 그러나 한정식은 매출이 일정 금액의 마지 노선을 넘기면 원가가 잡히면서 원가 비율도 조금씩 떨어집니다."

원조갈빗집에서의 경험을 바탕으로 '기본 원가가 비싸서 원가가 잡히지 않는 고기 장사보다는 밥장사를 하자. 상차림에 고기가 없으면 안되니 서브 메뉴로 고기를 넣되, 사이드 메뉴 3~4가지와 같이 팔자'라고 생각했다. 이런 비전을 품고 월세 800만 원이라는 무시할 수 없는 압박을 이겨내면서 나날이 매출을 상승시켰다. 2008년 5월, 가게를 원래 주인에게 다시 넘길 때까지 마지막 6개월은 매달 최고 매출을 갱신할 정도였다.

재능과 열정이 만나 탄생한 담양愛꽃

원조갈빗집에서의 경험은 담양애꽃에 한걸음 더 가까이 다가서게 만들었다. 첫 시작으로는 큰 규모였지만 그만큼 더 많은 것들을 배울 수 있었고, 배운 것들을 그때그때 그대로 적용해볼 수도 있었다. 식당 하기 전, 화물 트럭 운전을 할 때 얻은 과일과 채소에 대한 지식, 잠시 친구 정육점에서 일했던 경험과 원조갈빗집을 하면서 알게 된 고기에 대한 정보, 원가 분석, 전국 맛집 탐방 역시 모두 음식 재료와 식당 경영 정보를 익힐 수 있었던 소중한 시간이었다.

지금의 담양애꽃 자리는 갈빗집을 그만두기로 결정하기 한 달 전에 발견했다. 매일 지나다니던 길인데 겉보기에도 장사가 잘 안되는 것 같아서 들어가 볼 생각을 안 했었다. 그러나 들어가 보니 구조가 좋았고, 느낌도 좋았다. 뒷마당도 넓어 여기다 싶었다. 결국 2008년 9월에 구입하여 11월에 담양애꽃을 오픈했다. 당시 모아둔 돈과 빌릴 수 있는 모든 돈을 동원해도 가게 금액의 절반 이상은 빚을 안고 시작해야 했다. 그러나 '누구에게 무엇을 팔 것인가' 이 질문 하나만은 머릿속에 분명히 새겨져 있었다. 원하는 식당 그림이 바로 현실로 만들어지지는 않았지만 시행착오를 거치면서 차근차근 원하는 그림에 가깝게 그려나갔다.

처음 식당을 오픈할 때는 떡갈비와 돼지갈비를 먹고 나서 후식으로 밥을 먹는 담양식 고깃집이었다. 밥메뉴에는 누룽지, 냉면, 사골우거지탕, 떡국 등 여러 메뉴가 있었다. 고깃집을 운영해 본 경험과 이론을 통해 고기 원가가 높다는 사실을 분명히 깨우쳤기 때문에 밥집을 하고 싶은 마음이 간절했다. 하지만 음식은 준비되지 않았고 인테리어는 다 되었지만 전체 분위기는 이전 원조갈빗집 색깔을 그대로 옮겨온 것이었다. 그래서 제대로 된 밥집으로 전환하기 위해 컨설팅도 받았지만 머릿속에 그려

왔던 그림대로 만들지 못했다. 대신 '담양애꽃'이라는 식당 이름에 대한
아이디어와 화장실의 일회용 칫솔, 고객님 한마디 피드백 등과 같은 고객
을 배려하는 방법에 대해 배웠다.

　담양애꽃이라는 이름은 직접 지었다. '무슨 음식의 꽃이었으면 좋겠
다'에서 시작해서 '담양이니, 담양의 꽃으로?' 거기에 누군가가 '의' 대신
'사랑애(愛)'자를 써보면 어떻겠냐는 의견을 더했다. 손글씨 쓰는 사람에
게 '담'자와 '꽃'자는 크게 쓰고 '애'자는 한자로 써달라고 요청해서 지금의
로고가 완성됐다. 지금도 손님들이 이름이 예쁘다며 칭찬해주시고, 쉽게
기억에 남는다고 한다. 독특한 이름 덕을 톡톡히 보고 있는 것이다. 처음
에는 담양애꽃이 꽃집인 줄 알고 음식 배달이 아닌 꽃배달 주문 전화를
받았다는 식당 이름에 얽힌 재미난 에피소드도 있다.

　오픈 당시인 2008년 11월은 전 세계가 불황이어서 장사 자체가 안됐
다. 그래서 한번 가게에 온 손님은 한 사람이라도 다시 오게끔 잡으려고
상차림을 낼 때 어떤 재료로 만들었고, 어디에 좋은 음식인지 세세하게

설명을 하기 시작했다. 또한 음식은 한눈에 건강한 느낌이 들도록 그릇에
도 신경을 써서 차렸다. 홍보나 마케팅을 따로 하지 않고, 하루에 다섯 팀
이 오면 그 다섯 팀을 최대한 만족시켜 보냈다.

2009년 2월 KBS 〈1박 2일〉 팀이 담양을 찾으면서 떡갈비 붐이 일기
시작했다. 워낙 많은 사람들이 담양으로 몰리다보니 넘치는 손님들이 담
양애꽃에까지 오기 시작했다. 이 기회를 놓치지 않고 손님들이 다시 찾고
싶은 마음이 들도록 극진히 대접했다. 그리고 머릿속으로는 밥을 위주로
팔되 다른 곳과 차별화된 식당을 만드는 것을 포기하지 않고 계속 고민했
다. 박영아 대표는 떡갈비에 집중하면서 생각을 구체화하기 시작했다. 그
동안 공부하면서 배웠던 대로 고기를 메인 메뉴로 하지 않으면서도, 반찬
이 아닌 요리로 만들어 부담스럽지 않은 가격대의 정식을 만들고 싶었다.

그러던 와중에 지금의 담양애꽃 떡갈비 한정식 콘셉트를 만드는 데 도움을 준 컨설턴트를 만났고, 2009년 4월부터 2개월 동안 준비해서 6월부터 담양애꽃 정식 메뉴를 손님들에게 제공했다. 원하는 상차림 구성으로 떡갈비 정식을 만들었고 부담 없는 가격선을 잡았다. 그리고 평일 8,000원, 주말 11,000원으로 가격 차별화를 시도했다.

'떡갈비 정식'은 지금의 담양애꽃을 있게 한 메뉴다. 가장 큰 차별점이었던 평일 8,000원 가격은 1년 6개월 동안 원조갈빗집을 운영하면서 얻은 이 지역 상권에 대한 정보가 있었기에 가능했다. 평일 지역 주민을 대상으로 한 점심 특선 가격이었지만 저녁시간이 점심시간에 비해 장사가 되지 않아서 저녁에도 점심 특선 가격으로 음식을 제공했다. 그리고 주말에는 11,000원으로 가격을 정하되 음식에 차별화를 두었다. 그래서인지 지역 손님들은 평일에 8,000원으로 먹다가 주말에 11,000원으로 먹어도 불평하지 않았다. 음식에 대한 만족도가 주중과 주말의 가격 차이를 설득력 있게 만든 것이다. 그리고 주말 손님들은 대부분 관광객들이라서 11,000원이란 가격에 대해 크게 부담을 갖지 않았다. 이후 단가를 맞추기 위해 8,000원에서 9,000원으로 가격을 올렸지만 그 역시도 음식의 업그레이드로 이어졌기 때문에 손님들의 발길이 끊기지 않았다. 그후 손님이 폭발적으로 늘었을 때 평일, 주말 관계없이 11,000원으로 통일했다. 이렇게 해서 떡갈비 정식 메뉴로 현재의 대박식당 담양애꽃이 탄생한 것이다. 담양애꽃

'음식·환경·운영'
시스템 3박자로 성공을 일구다

더 건강한 한상차림, 담양愛꽃 정식

담양애꽃 요리의 대부분은 박영아 대표가 직접 개발하고 레시피로 만들어 주방과 공유한다. 레시피가 있어야 누가 만들어도 일정한 맛을 내기 때문에 처음 메뉴를 개발할 때 레시피를 먼저 만든다.

처음 밥집을 해야겠다고 마음먹었을 때 다른 집보다 더 건강한 음식을 대접해야겠다고 생각했다. 떡갈비의 경우, 여러 가지 연구 끝에 지방을 줄이고 조금만 잘못 요리하면 퍽퍽해질 수 있는 조리 방법을 개선했다. 떡갈비를 찍어 먹는 양념장도 소화에 도움이 되는 재료로 직접 만들었다. 이는 식당을 준비하면서 요리에 대해 꾸준한 관심을 가졌기에 가능한 일이었다. 기회가 있을 때마다 익힌 요리실력은 실제 원조갈빗집을 하면서 더 단련되었고, '선재 스님의 산채 요리' 강좌를 다니면서 꾸준히 배우고 공부했다.

손님들이 먹으면 건강해질 수 있는 식탁을 만들기 위해 기본적으로 조미료를 쓰지 않고, 죽염으로 간을 해서 음식의 깊은 맛을 살렸다. 살구효소, 배효소로 음식의 맛과 향을 풍부하게 했다. 음식의 기본인 좋은 재료를 쓰면서, 변함없는 맛을 유지하기 위해 레시피대로 음식을 만드니 손님들도 상을 받으면 그 정성을 한눈에 알아봤다. 처음 상을 받으면 한정식답게 메인 요리 외에도 생선조림, 잡채, 전, 튀김 등 각 요리가 모두 푸짐하게 나와 놀라고, 젓가락을 들고 어떤 것을 먹을까 고민하다보면 다양함에 만족한다. 실제로 맛을 보면 맛은 물론 그 신선함과 가시오가피나물, 명이나물과 같은 음식에 건강하다는 느낌을 받는다. 상을 차릴 때 음식에 대한 설명을 곁들이는 것은 음식에 날개를 달아주는 것과 같았다. 이 모든 요소가 손님들의 기억에 하나의 이미지로 남기 때문이다. 담양애꽃 음식은 가격대비 만족도가 높은 웰빙한정식이라는 이미지를 확실하게 심어주는 것이다.

Q "음식에 날개를 단다고 표현하셨는데 음식이 나갈 때마다 어떻게 설명을 덧붙이십니까? 또 손님들의 반응은 어떤가요?"

A "손님들이 잘 모를 수 있는 갓백김치는 남도 지방 김치입니다. 김치지만 빨간 고춧가루는 넣지 않고 매운 고추를 갈아서 보리밥과 함께 넣는 옛날 방식을 고집해서 만든 김치라고 말씀드리면, 말이 떨어지기 무섭게 젓가락을 드십니다(웃음).

오가피나물은 오가피라는 말만 해도 손님들께서 더 잘 아십니다. 연근피클은 연근이 지방 분해에 좋다는 걸 모르시는 분들께 알려드리면 몰랐다며 관심을 더 가지시고요.

김치는 장인어른이 직접 키운 배추를 가지고 담양애꽃에서 모든 사람들의 입맛에 맞도록 전라도 김치의 특징을 빼고 자체 개발한 김치입니다. 짜지 않고 젓갈 냄새가 나지 않는 김치라고 말씀드리면 잘 드시지 않다가도 설명을 듣고는 김치를 드시고 리필까지 하십니다."

한정식집에서 밥은 기본이지만 식당의 가치를 결정하는 중요한 요소다. 맛좋은 밥을 만들기 위해 돌솥밥, 즉석밥, 가마솥밥 등 여러 가지 밥들을 실험해본 결과 압력밥솥에서 갓 지은 밥이 제일 맛있다는 결론이 나왔다. 소형 압력밥솥을 여러 개 준비해서 좋은 쌀과 죽염을 넣어 즉석에서 죽순밥을 한다. 담양애꽃의 밥은 음식 주문이 들어가면 그때 만들기 시작한다. 고기는 특별한 날에만 먹지만 밥은 하루 세 끼 매일 먹는 것이니 즐겁게 먹을 수 있도록 '집에서 만든 밥'을 대접하고 싶은 바람이 컸기 때문이다.

요리는 타고난 재능도 중요하지만 식재료 선택이 가장 중요하다. 그중에서도 소금과 간장이 가장 중요하다. 소금과 간장이 좋으면 음식이 짜도 쓰지 않다. 미세한 맛의 차이를 만드는 것은 바로 소금과 간장이다. 그래서 담양애꽃의 모든 음식에는 죽염을 쓴다. 그리고 담양애꽃의 요리 중 떡갈비, 생채무침 등에는 설탕 대신 살구효소와 배효소를 사용해서 맛과 향을 달리한다. 살구효소는 품질은 괜찮으나 상처가 나서 상품성이 없는 살구를 구입해 직접 만들어 쓴다. 이렇게 효소로 만들어 음식에 첨가하면 고기의 소화를 돕는 효과가 있다.

손님과 직원이 모두 편안한 식당

박영아 대표는 직원들이 즐겁고 편안하게 일할 수 있는 환경에서 고객만족이 나온다고 확신한다. 돈을 벌어 가장 먼저 한 일은 기존 담양애꽃의 구조와 시스템을 바꾼 것이다. 가게 뒤편에 있던 1개의 창고를 3개로 증축해서 식재료 공급에 차질이 없도록 창고 설비를 했다. 그리고 직원들이 일하기 편한 환경을 하나씩 만들어갔다. 원래는 음식을 직접 들고 다녀야 했는데, 식당 마루를 올려서 직원들이 카트를 끌고 다닐 수 있도록 했다. 주방의 경우 환기 시설을 증강하여 늘 신선한 공기가 공급되도록 했고, 각 조리 파트마다 머리 위에서 에어컨이 나오도록 설계해 불 앞에서 요리하는 직원들에게 쾌적한 환경을 제공했다. 또 각 파트마다 프린터를 설치하고 주문 내용이 종이 전표로 전달되도록 해서 주문의 오류를 줄였다. 조리 및 요리 그릇을 세척하는 곳과는 별도로 컵만 따로 씻는 곳을 만들어서 설거지의 효율성을 높였다.

　손님들을 위해서는 스탠드형 에어컨을 천정형 에어컨으로 바꿔 에어컨 사각지대를 없앴다. 그리고 손님들이 자리에 앉을 때나 직원들이 음식을 서빙할 때 불편함이 없도록 문 위치와 테이블 위치, 방 크기를 정했다.

이 경험은 원조갈빗집을 할 때 얻은 노하우다. 문과 테이블 배치를 통해 한방에 10명이 앉을 수 있는 공간에 9명이 앉을 수 있게 했다. 그렇게 하면 서빙할 때 직원들이 힘을 덜 들이면서 음식을 셋팅할 수 있는 카트 대기 공간이 만들어지기 때문이다. 증축공사를 하면서 복도를 만들고 방을 하나 더 만들 수 있는 공간이 생겼지만 손님들의 대기 공간으로 만들기 위해 테이블을 과감히 포기했다. 공사하면서 자연스럽게 카운터는 출입문 쪽으로 나왔다. 오시는 손님을 먼저 맞이할 수 있는 자리로 선정한 것이다.

담양애꽃 이동동선이나 홀의 에어컨 위치 등 모든 설계는 박영아 대표가 직접 했다. 2012년 초 담양애꽃 동선을 만들기 위해 공사를 진행했을 때는 비전문가의 시선으로 칸막이만 마구 만드는 상황이었지만, 이번에는 박영아 대표가 생각하는 합리적인 동선을 만들기 위해 공사 기간을 보름 더 투자하면서 공을 들였다. 이런 시스템화가 다른 식당과 담양애꽃을 차별화시키는 포인트이다.

박영아 대표보다 담양애꽃에 대해서 잘 아는 사람은 없다. "사랑은 하나다. 식당은 사장의 사랑을 먹고 자란다." 예전에 일산에 있는 유명 돌판삼겹살집 할머니의 말씀을 가슴에 새겼다. 그래서 손님들이 적어준 '고객님 한마디'를 항상 가지고 다닌다. 현재 담양애꽃이 잘된다고 다른 곳에 또 오픈할 생각을 하기보다는 그 말을 기억하면서 몸소 지켜가고 있다.

또한 담양애꽃의 특징은 즉석에서 해주는 죽순밥이다. 즉석으로 밥

을 하려면 손이 많이 가고 힘들다. 하지만 담양애꽃에서는 죽순밥을 바로 할 수 있도록 1인분 압력밥솥과 화덕을 여러 개 설치해두고 있어 주문 후 기다리는 시간과 비슷한 12~14분 안에 갓 지은 밥을 제공할 수 있다. 환경과 시스템이 구축되니 어렵지 않게 즉석에서 밥을 조리해 제공하는 것이 가능하게 되었다. 보통 다른 떡갈비집은 대통밥을 많이 하는데 대통밥은 즉석에서 하려면 시간이 많이 걸려 미리 해둔 밥을 제공할 수밖에 없다. 이처럼 제대로 갖춘 시스템은 담양애꽃이 다른 식당과 차별화가 되고, 확실히 우위에 설 수 있게 해준 요소다.

담양애꽃 내부의 환경과 설비 개선의 큰 목적은 손님들이 편하게 왔다갔다할 수 있도록 하는 것도 있지만 그것보다 직원들이 일에 더 집중할 수 있는 환경을 만들기 위한 것이다. 급여나 직원 대우도 마찬가지다. 직원들이 안정된 고용환경에서 일할 수 있도록 4대 보험 가입을 제공하고, 급여도 업계 평균보다 높은 수준으로 책정했다. 뿐만 아니라 일정 매출 이상 달성할 때마다 10만 원 단위로 상여금 제도를 만들어 매달 월급을 지급할 때 같이 지급한다.

박영아 대표는 직원의 입장에 서서 여러 환경을 계속해서 개선시켜 나가는데 힘쓰고 있다. 예를 들면 담양애꽃은 신발을 벗고 들어가는 구조로 직원들은 하루종일 방바닥을 걸어다녀야만 한다. 맨발로 오래 걷다 보니 발바닥이 많이 아프고 굳은살이 생겼고, 자칫 음식을 나르다가 미끄러질 수도 있었다. 그래서 3년 전부터 미끄러지지 않는 고가의 실내 작업 신발을 구입해 모두 함께 신는다. 하지만 박영아 대표 본인만은 손님의 입장을 유지하기 위해 작업화를 신지 않고 맨발바닥으로 다닌다.

직원들이 먼 출퇴근길에 각자가 들이는 수고와 시간을 덜어주기 위해 출퇴근차량 2대를 구입하여 직원 중 2명을 운전 담당으로 지정하여 운영했다. 대신 이 운전을 담당하는 직원들은 출퇴근 용도 외에도 담양애꽃 차량을 자유롭게 쓸 수 있게 했다. 유니폼도 작년 봄 개량한복으로 모두 바꿨다. 일관성 있고 단정해 보이는 효과와 함께 직원들이 옷걱정할 필요 없도록 유니폼으로 맞춘 것이다. 인사 관리의 경우도 실장과 점장 체계를 만들어 손님들의 불만 사항이나 내부 개선 사항들은 홀은 실장이, 주방은 점장이 맡아 직원들에게 전달한다.

직원들이 편한 식당 시스템 만들기는 아직 끝나지 않았다. 지금은 제철 과일을 끊임없이 제공하는 것이 전부지만 식당 직원들이 잘 먹어야 힘이 나기에 이후 직원 전담 영양사를 고용해 매일 다양한 식단을 직원들에게 제공하겠다는 계획도 준비중에 있다.

엑셀Excel만 있으면 장사 준비는 끝

박영아 대표는 어디를 가나 노트북을 꼭 들고 다닌다. 하루 평균 300~400명이 찾는 규모의 식당을 운영하기 위해 끊임없이 연구하다보니 담양애꽃에 대한 모든 데이터를 수치로 관리해야만 식재료, 자금 운용, 메뉴 가격 등 손님들을 맞이하기 위한 철저한 사전 준비가 가능하다는 것을 알았다.

처음에 이 엑셀 데이터는 대기업 통신 업체에서 통계 업무를 한 아내가 엑셀 피벗 기능을 이용해 큰 틀을 만들었다. 이 틀을 가지고 직접 운영하고, 엑셀 기능을 익혀가며 항목을 보강했더니 현재 여러 가지 요소로 추출 가능한 데이터의 모습으로 완성됐다. 업체별로 깻잎이 몇 박스 들어왔고, 이달에 인건비가 얼마나 지출됐는지, 식재료는 어떤 종류를 써야 되는지 등 운영, 관리에 세세하게 신경써야 할 많은 부분들이 해당 칸에 숫자를 입력만 하면 한눈에 확인이 가능하다. 하루 30분 정도만 할애하면 되기 때문에 대부분의 시간은 메뉴 개발에 전념할 수 있다.

담양애꽃의 모든 자료는 엑셀 데이터로 기록, 관리되고 있다. 그 내용을 보면 식당 운영에 필요한 식재료, 인건비, 순이익 등이 몇 퍼센트인지 매출 대비 비율을 한눈에 알 수 있다. 담양애꽃을 운영하다보면 식재료 항목의 비율이 내려갈 때가 생기는데 그렇게 되면 이윤이 올라간다. 이윤이 올라가면 손님들에게 돌려주기 위해 그만큼 식재료 비율을 더 올린다. 반대로 식재료 비율이 올라가면 왜 올라갔는지 원인을 파악해서 바로 잡는다. 흔히 2가지 요인이 있는데 매출이 떨어지거나 태풍 등으로 식재료 비용이 폭등하는 경우이다. 만약에 가격이 폭등한 식재료가 너무 많이 들어가는 품목은 그때만 다른 식재료로 대체하거나 다른 요리를 낸다.

인건비 부분도 전체 매출 대비 인건비 비율이 내려간다 싶으면 상여금 등을 통해 기존의 퍼센트에 맞도록 직원들과 나눈다. 반대로 인건비 비율이 올라가면 직원수 대비 일이 그만큼 많아져서 힘들다는 의미로 외부에서 일일 인력을 투입해 직원들의 업무 과부하를 줄인다.

이렇게 상황마다 유연하게 대처 가능한 이유는 원인 분석이 가능하기 때문이다. 데이터를 남기지 않으면 이런 원인 자체를 분석할 수가 없다. 처음 틀만 잘 잡아두면 식당 운영에 필요한 요소들을 필요할 때 뽑기만 하면 되기 때문에 전혀 귀찮은 작업이 아니다. 무엇보다도 식당 관리에 유용하기 때문에 체계적인 매출 분석을 적극적으로 추천한다.

Q "엑셀 자료에서 매출 분석이나 자료를 추출해서 담양애꽃 운영에 어떻게 이용하나요?"

A "작년 이맘때 손님이 얼마나 왔었고, 올해는 어느 정도 오겠다는 예측이 매출 비율을 보면 가능합니다. 매년 매출 금액은 달라도 한 해의 흐름을 알 수 있지요. 연월 포함해서 그 흐름을 알게 되니 이번 달은 초반이 잘된다와 같이 한 해뿐만

아니라 한 달의 흐름도 예상 가능하더라고요.

손님의 예상 인원이 파악되니 주방에 음식을 준비시킬 때 언제가 바쁘다, 안 바쁘다, 여유 있게 준비해주세요, 음식을 적게 준비해주세요 등의 대비가 가능합니다. 또 바쁜 시기에는 임시로 사람을 쓰는데 언제, 어떤 파트의 사람을 보충할지, 이 시기에는 쓰지 않아도 될지 등을 미리 예측하고 준비할 수 있습니다. 일용직의 경우 고정된 인력을 쓰기 때문에 이미 반은 직원이라고 할 수 있는 담양애꽃 사람들에게 부탁합니다."

Q "외식 강좌나 성공한 식당 사장님들의 사례를 통해 이론과 방법을 배워서 실제로 담양애꽃에 적용하기 위해 항상 생각하고 노력했다고 하지만, 그외 식당을 성공으로 이끈 구체적인 비법은 무엇일까요?"

A "장사는 준비입니다. 필요한 게 있으면 항상 준비되어 있어야 하므로 미리 대비를 합니다. 예를 들어 간수 빠진 소금이 필요하면 그때그때 필요한 양만큼 있어야 하죠. 그러려면 사용량과 사용 기간이 체계적으로 기록, 관리되어야 미리 적정량의 간수 빠진 소금을 준비할 수 있습니다. 그리고 항상 불확실성에 대비해야 합니다. 식당의 많은 일 중에서 나도 모르는 사이에 문제가 발생하지 않도록 하기 위해 여러 가지 방법들을 고민하다보니 엑셀 데이터를 만들고, 시스템화하는 것이 가능했습니다. 그래서 식당을 하려면 부지런해야 한다는 철칙을 가지게 됐습니다. 식당 사장 자리는 직원 관리부터 고객 관리, 기획, 메뉴 개발, 금융, 홍보까지 할 일이 정말 많아요. 모든 관리를 꽉 쥐고 해나가야 하는데 게을러서 이런 관리 방법을 연구해내지 않으면 식당을 할 수 없습니다. 그래서 이 일들을 좋아하기도 해야 하지만 즐길 수 있는 사람이어야 합니다. 하루종일 식당 생각에 어

떻게 하면 더 손님들을 만족시킬까 고민해야 하는데 좋아하지 않고, 즐기지 않으면 힘들죠."

담양애꽃에 흠뻑 빠져 있는 박영아 대표는 그래서 최근까지도 취미가 따로 없다. 하루종일 담양애꽃 생각을 하고 담양애꽃에서 일하는 것 자체가 삶의 활력소이기 때문에 박영아 대표의 하루는 짧기만 하다.

공부하는 사장의
진심은 통한다

상 치우는 사장님

음식에 대한 손님들의 반응을 확실히 알 수 있는 방법으로 박영아 대표
는 직접 상을 치우면서 그 반응을 확인한다. 손님들이 나가고 상을 치우
다보면 맛있게 드셨구나, 아니면 음식을 제대로 못 드셨구나를 알 수 있
다고 한다. 상에 남아 있는 메뉴를 직접 확인하고, 리필 횟수를 보면서 메
뉴의 선호도를 파악하고 손님들에게 반응 없는 요리는 빨리 뺀다. 인기가
좋은 메뉴는 장식을 더 다듬거나 재료를 다른 것으로 바꿔보는 등 만족
도를 더 높이는 방향으로 연구한다. 그러나 중간에 요리 장식을 보충하거
나 재료를 더 좋게 업그레이드하는 것보다는 처음부터 손님들이 잘 들게

끔 만드는 것이 가장 좋다고 한다. 예전에 엔다이브쌈같이 재료를 구하기 어려운 채소를 서울 가락동에서 버스로 받았는데 재료 공급의 어려움으로 이 재료를 깻잎으로 대체해서 쉽게 만들었다. 재료를 제공받기 편한 형태로 바꾼 경우다. 그리고 손님이 추가로 메뉴를 시킬 때 그 템포가 늦춰지면 입맛이 떨어지기 때문에 먹는 템포가 자연스럽게 연결될 수 있도록 서빙에도 각별히 신경을 쓴다. 항상 제때 리필이 될 수 있도록 만들고, 리필이 제대로 되지 않는 메뉴는 다른 음식으로 교체하는 것이다.

메뉴 또한 고정적이지 않고 3개월에 한 번씩 새로운 메뉴를 추가한다. 메뉴 개발의 경우 평소 자주 벤치마킹을 다니면서 채집한 아이디어와 손님들이 적어 준 의견, 강좌 등을 바탕으로 개발한다. 대표적인 메뉴를 소개하면 연근피클과 배깍두기가 있다. 둘 다 다른 곳에서 보고 벤치마킹을 한 것으로 흔한 재료를 색다른 조리법으로 만든 메뉴다. 손님들 역시 새로운 밥반찬이면서도 다른 요리와도 잘 어울린다며 좋아했다.

연근피클의 경우 어느 식당에 갔더니 유자를 넣어 연근피클을 만든 것을 보고 바로 연근을 사다가 레시피를 만들었다. 먼저 유자청을 담그고 그걸 가지고 피클을 만들었다. 그리고 배깍두기는 TV에서 보고 겉절이식으로 만들었다. 배가 고기의 소화를 돕는 역할을 해서 겉절이 형태로 선보였더니 손님들 반응이 좋았다. 또 고추젓갈은 어느 날 박영아 대표의 장모가 고추피클과 밴댕이젓갈을 결합시켜 만든 반찬을 보고 생각해냈다. 요리를 잘하시는 장모님의 솜씨를 담양애꽃에 맞는 레시피로 개발한 것이 시너지를 냈다. 감피클은 감농장을 하는 동생이 작은 감이 있는데 어디 쓸 데가 없을까 해서 메뉴로 개발한 경우다. 감은 장아찌는 많지만 피클은 없었는데 당도가 있고 식감이 좋으니 손님들이 좋아했다. 더불어 구하기 쉬운 식재료였기 때문에 원가 절약 또한 가능했다.

메뉴를 개발하면 맛에 대한 검증을 철저히 한다. 음식에 대한 손님들의 의견을 일일이 다 맞출 수는 없지만 여러 검증 과정을 거쳐 객관적인 데이터를 만든다. 본인만의 기준을 가지고 가장 먼저 본인의 입맛으로 검증해보고, 다른 대박식당에 가서 비슷한 메뉴를 먹어보고 요즘 사람들이 좋아하는 맛인가 확인한다. 그리고 직원들과 아내, 영양사인 처제를 포함한 주변의 젊은 지인들, 외지인들에게 맛보인다. 특히 담양애꽃의 고객층이 젊은 여성이기에 여성들에게 검증하는 걸 우선순위로 둔다.

그래서인지 담양애꽃에 한번 왔던 손님들은 가족이나 지인을 데리고 와서 함께 먹는다. 관광객 또한 한번 먹고 발길을 끊는 것이 아니라 계절마다 담양에 여행 올 때 꼭 들르는 집으로 여기고 찾아온다. 이렇게 담양애꽃은 1시간은 줄 서야 함에도 그 수고로움을 기꺼이 감내할 수 있는 대박식당으로 거듭날 수 있었다. 그래서 박영아 대표는 손님들에게 '1시간 이상 기다릴 만한 가치가 있다'는 칭찬을 받을 때 가장 큰 보람을 느낀다. 오늘도 박영아 대표는 몰려드는 손님들에게 최고의 만족감을 선사하기 위해 상을 치우며 손님들의 반응을 확인하고 개선 사항은 바로 실천에 옮기고 있다.

식당의 완성은 공부다

식당일을 좋아하고 처음 하는 것 치고 잘하기는 했지만 늘 부족함을 느꼈던 박영아 대표에게 본격적인 전문 외식 공부는 모르는 걸 알아가는 또 다른 재미를 느끼게 해주었다. 담양애꽃이 지금의 대박식당으로 자리 잡기까지 재능과 열정도 있었지만, 이 재능과 열정이 결실을 맺는 데 결정적인 역할을 한 것은 꾸준한 공부다. 어떤 수업을 하건 강사 코앞에 앉아서 열심히 공부했더니 '공부 열심히 하는 사장'으로 소문이 나기도 했다.

처음 원조갈빗집을 운영할 때 많이 팔아도 통장에 잔고가 없었던 이유는 고기 원가가 잡히지 않았기 때문이었다. '고기 원가가 비싸니 고깃집 대신 밥집을 하자. 대신 고기는 서브 요리로 내고, 다양한 반찬을 함께 선보일 수 있는 한정식을 하자.' 이렇게 요리에 대한 정보나 아이디어, 새로운 손님을 찾기보다 찾아온 손님의 만족도를 높이는 방법까지 담양애꽃이 성공할 수 있었던 여러 가지 단서들을 전부 공부를 통해 얻었다.

Q "강의나 공부를 통해 담양애꽃에 실제로 적용한 사례는 어떤 것들이 있나요?"

A "담양애꽃을 오픈할 당시에만 해도 음식의 담음새가 중요하지 않았습니다. 강의를 들으러 가면 식당 사장들도 큰 그릇에 음식을 조금만 준다고 우스갯소리로 이야기할 때였습니다. 보기 좋은 음식이 맛도 좋다고 실제로 적용해보니 손님들의 반응이 바로 왔습니다. 원조갈빗집에서는 일반적인 그릇에 음식을 담다가 강

의를 듣고난 후, 담양애꽃 그릇은 친환경 옹기 그릇, 고전적인 그릇으로 바꿨는데 이제는 손님들이 먼저 알아보고 사진을 찍습니다.

김치 담그는 방법은 따로 배웠습니다. 원래 전라도 김치는 짜고 젓갈 냄새가 많이 나 호불호가 강합니다. 그래서 짜지 않고 젓갈 냄새가 나지 않는 김치를 만들었습니다. 적절한 레시피를 확보한 후, 연구를 거쳐 전국구로 통하는 김치를 만든거죠. 담양애꽃만의 김치 레시피를 탄생시킨 겁니다.

또 인공 조미료가 건강에 얼마나 안 좋은가를 알게 되면서 음식을 파는 데 손님들의 건강을 더 많이 생각해야겠다는 것을 다시 한번 느꼈습니다. 그래서 조미료를 안 넣는 대신 재료 본연의 맛을 강화시켰습니다."

무엇을 배웠을 때 그 내용 중 하나를 그대로 따라 하기보다는 가게에서 경험했던 것과 접목해서 응용을 많이 한다. 그러다보니 세상을 보는 시선과 생각의 깊이가 달라졌다고 한다. 공부를 통해 통찰력이 생기고, 몸에서 즉각적이고 자연스러운 반응이 우러나와 행동으로 이어지는 것이다.

지금도 박영아 대표는 매주 한 번 이상은 강의를 들으러 다닌다. 다른 사람의 이야기를 듣는 것을 좋아해 성공한 사장님들 강연은 꼭 찾아 듣는다. 성공한 사장님들 이야기 중 실패한 사례들을 참고하면서 '나는 그러지 않겠다'고 다짐하며 배운다. 실패한 식당을 보면 핑계가 많다. 하지만 식당은 사장의 기를 먹고 자란다. 성공하는 것도 망하는 것도 모두 사장의 탓이다. 직원이 못해서 망하지는 않는다. 결국 사장이 망하게 만드는 것이다. 기업은 중간 관리자가 있어서 하나부터 열까지 사장이 모두 참견하지 않더라도 관리가 되지만 식당은 사장 본인이 행동하지 않으면 어떤 결과도 얻을 수 없다. 바로 사장이 먼저 행동해야만 하는 것이다. '웃으라고 말하고 나는 정말 손님들에게 웃었는가?' '음식에 좋은 재료를 쓰자면서 나는 좋은 재료를 썼는가?' '정말 그렇게 행동했나?' 하고 스스로를 늘 확인해야 한다고 강조한다.

본격적으로 외식 경영에 대해 공부해갈수록 기본이 되는 맛, 서비스, 청결, 미소(섬김, 반김)의 중요성에 대해 더 인식하게 되었고 어려울수록 더욱더 기본에 충실해야 함을 느낀다. 그래서 앞으로는 담양애꽃을 더 키우기보다는 기존 손님을 잘 유지하는 방향으로 계획을 세웠기 때문에 매출을 떨어뜨리지 않고 유지하기 위해 노력 중이다.

박영아 대표는 재능과 열정은 있었지만 요리 학원을 다니거나 요리에 대한 많은 지식을 가지고 식당을 시작한 것은 아니다. 일찍부터 가슴에 품은 식당에 대한 꿈을 향해 자신이 처한 상황에서 식당과 연결되는 일이 뭘까 생각하며 스스로 연결 고리를 찾았고, 그 일을 익히면서 매일 치열하게 고민하고, 실행하고, 구체화시켰다. 그 덕분에 원조갈빗집이란 좋은 기회를 잡을 수 있었던 것이다. 또 원조갈빗집의 성공에 머무르지 않고 그 상황을 개선하기 위해 공부하며 노력했기에 지금의 담양애꽃이 존재할 수 있는 것이다. 담양애꽃에 대한 애착을 가지고 원가, 마케팅, 경영

등 몰랐던 것들을 공부하며 채워나갔고, 이미 경험을 통해 알고 있는 사실도 공부하면서 더 탁월하게 만들었던 것이다. 이러한 노력으로 대박식당 담양애꽃이 탄생할 수 있었다.

손님을 '제대로' 대접하고 싶은 마음

하루 수백 명의 손님들이 찾는 담양애꽃은 오는 손님들을 다 받아 한 사람이라도 불만족하고 가는 것보다 소수의 손님이라도 최대한 만족하고 갈 수 있도록 하는 서비스를 추구한다. 그래서 담양 지역의 다른 식당에서는 찾아볼 수 없는 오후 2시 20분부터 5시까지 점심시간 이후 오후, 저녁시간 손님들을 제대로 맞이하기 위한 준비시간을 갖는다.

손님들을 최대한 만족시킬 수 있도록 식당이 소화할 수 있는 적정 인원만 대기시킨다. '정해진 시간 내에 수용할 수 있는 인원이 몇 명인가?'를 정확히 계산하여 대기 손님수를 조절한다.

Q "어떻게 대기시간을 정확하게 예측할 수 있나요?"

A "카운터에 있으면 현재 음식을 먹고 있는 테이블의 소요시간과 식사를 드시는 손님들이 제때 음식을 공급받고 있는지, 음식 준비량은 충분한지와 같은 것들을 복합적으로 따져서 대기 손님들에게 몇 시부터 몇 시까지 음식을 제공할 수 있는지 예상이 가능합니다. 대기 손님이 20팀이면 언제까지 접대할 수 있나? 원래

점심시간 마감은 2시 20분 이지만 이 손님들이 모두 식사를 하려면 언제까지 시간이 걸릴테니까 예상되는 시간만큼 앞당겨서 대기 손님을 1시 30분에 마감합니다. 1팀당 걸리는 대기시간을 책정해서 마감시간 안에 소화할 수 있도록 다시 대기마감시간을 조정하는 것이죠.

서비스할 수 있는 사람이 부족하면 얼마나 기다려야 하는지 웨이팅시간을 정확하게 말씀드립니다. 30분이 걸린다고 말씀드렸으면 그 시간에서 10분 내외를 넘지 않도록 하고, 지금 어떤 상황인가 파악해서 언제까지 오는 손님들을 받을 것인가 머릿속으로 정리하고 그림을 그립니다. 식당 포스 기기 담당자가 테이블당 머무른 시간, 후식을 제공할 시간 등이 표시해서 직원들이 적당한 때에 빠르게 음식을 제공할 수 있도록 합니다.

재료가 한 가지라도 떨어지면 그 이후 손님은 받지 않습니다. 그렇게 작은 틈새를 허용하게 되면 전체적으로 손님들이 음식에 대한 만족도가 떨어질 게 분명하기 때문입니다. 물론 최대한 식재료를 준비하지만 혹시라도 재료가 떨어지면 손님을 더 이상 받지 않습니다. 손님들의 만족도를 높이기 위해 테이블을 더 늘리는 것이 아니라 적정 수준으로 유지하고, 대기실을 더 넓히고, 화장실에 일회용 칫솔을 비치하고, 손님들이 어떤 점에 만족하고, 어떤 점에 불만족하는지 화장실 칸마다 비치해둔 '고객님 한마디'에 적힌 의견에 귀 기울입니다."

Q "고객님 한마디에는 어떤 내용들이 있나요?"
A "손님들 중에 밥이 적다는 피드백을 주신 분도 있었어요. 밥은 무료로 추가해주

는 데도 말이죠(웃음).

화장실이 좁다, 비데를 설치해달라는 요청에 증축공사할 때 화장실을 더 만들었습니다. 비데는 손님 피드백을 보고 나중에 설치했고 화장실 칸막이는 썩지 않는 최고급 재료로 만들었습니다. 일회용 칫솔은 반응이 너무 좋아서 일정한 비용이 들어도 계속 유지하고 있는 아이디어고요.

요리 중에는 전체 요리로 같이 내던 꽁치조림을 밥반찬으로 주면 안되느냐는 피드백이 있어서 순서를 바꿔서 제공했습니다. 그리고 카운터에 있다보니 휴대폰 충전기 요청이 잦아서 눈에 잘 띄는 입구에 각 제조사마다 충전기를 꽂아두었고요."

　이런 철저함으로 탁월함을 만들어내는 담양애꽃의 밑바탕이 되는 철학은 '손님들을 제대로 대접하고 싶은 진심'이다. 그래서 박영아 대표는 진심은 통한다고 늘 입버릇처럼 말한다. 좋은 식재료를 쓰고, 조미료는 사용하지 않고, 음식을 그때그때 만들어서 손님들에게 제공하는 기본을 지킨다. 또한 절대 잊지 말아야 할 것으로 '초심'을 강조하며 항상 겸손한 마음가짐으로 손님들이 오면 밥을 먹다가도 뛰어나가 카운터에서 맞이하고 인사한다. 이런 진심을 바탕으로 식사를 마친 손님들이 '대접받은 느낌'을 가지고 돌아갈 수 있는 따뜻한 가게를 만들고 싶다. 이러한 바람은 어떤 한 가지 요소로 되는 것이 아니다. 직원들, 가게 분위기 등 모든 요소가 복합적으로 작용해야만 이룰 수 있는 것이기 때문에 지금보다 더 손님들이 만족할 수 있도록 여러 가지 작은 개선 사항까지도 그냥 지나치지 않는다. 이렇게 성공한 현재에 머무르지 않고 계속해서 개선할 점들을 찾는 지치지 않는 열정의 원동력은 손님들이 남기고 가는 칭찬 한마디에 있다. '대접받은 것 같아요' '1시간 기다렸는데 먹을 만하네요' '좋은 일 하시네요' 이런 이야기를 들을 때마다 식당을 하는 보람을 느낀다.

박영아 대표는 식당 창업을 하려면 담양애꽃같은 시스템이나 환경을 만드는 것에 대해 어렵게 생각하지 말고 처음 장사를 할 때 내가 누구에게 무엇을 팔 것인가를 염두에 두고 시작하면 해결된다고 한다. 해답과 방법은 이 '누구에게 무엇을 팔 것인가'에서 나오기 때문에 요즘 유행하는 아이템을 무조건 따라 하면 안된다고 강조한다. 정확한 맥락을 가지고 시작해야 하고, 내가 잘할 수 있는 메뉴를 선택하라는 이야기를 덧붙였다. 그러면 자연스럽게 방법을 연구하게 된다고 한다.

마지막으로 담양애꽃은 손님들에게 사랑받은 만큼 공익기부사업을 해나가고 있다. 마지막 주 월요일 매출의 50%를 어린이재단과 초록우산에 기부하고 있고, 이외에도

기부금액 자체를 일정 지출로 잡아서 매월 정기적으로 기부한다. 올해의 경우, 담양애꽃 오픈 4주년 기념으로 우산 같은 사은품을 만들어 손님들에게 선물하려 그 금액을 담양군장학회에 기부했다. 향후 3~4년 뒤에는 이런 담양애꽃의 모든 가치관을 함께할 수 있는 직영 프랜차이즈를 만들 계획을 갖고 있다. 담양애꽃

외식창업,
준비만 잘하면 누구나 성공한다

창업보다 중요한 '창업 전(前) 단계'

경기가 어렵다는 것은 누구나 아는 사실이고, 자영업의 세계로 내몰린 수 많은 직장인들이 선택하는 대부분의 길이 외식창업인 점 역시 누구나 아 는 사실이다. 외식창업에 관한 언론 기사를 보면 열에 여덟은 실패한다고 하는데도 자고 나면 기억을 잊어버리는 몽유병환자처럼 여전히 음식점을 하려는 이들로 차가운 거리가 메워지고 있다.

　　문제는 전쟁에 나서는 전사가 열정이 지나친 나머지 갑옷도 걸치지 않고 칼 한 자루만 가지고 싸움터로 달려나가는 것 마냥 무턱대고 창업시 장에 뛰어든다는 점이다. 시장조사는 물론이고 무엇을 잘할 수 있는지 조차 모르면서 생면부지 무한경쟁의 현장으로 내몰리듯 뛰어들다 꿈을 펼쳐볼 기회조차 가져보지 못한 채 장렬하게 전사하고 만다. 소위 대박을 꿈꾸다 쪽박을 찬다는 말이다.

나는 열에 여덟이 망한다는 외식시장에서 12년째 생존을 위한 몸부림과 치열한 경쟁의 늪에서 살아오면서 수많은 외식창업자들과 현장의 외식업 종사자들을 만났다. 그러나 그들 중 다수는 1~2년 뒤 다시 만날 수 없었다. 성공할 수 있었지만 마지막 6개월을 버틸 만한 자금이 없어 망한 사례도 있었고, 누가 봐도 안될 자리에서 안간힘을 쓰다 십수 년 모은 전 재산을 통째로 날리는 경우도 많았다. 아이템은 좋은데 맛이 2% 부족해서 또는 맛은 괜찮지만 서비스가 제대로 받쳐주지 못해 문을 닫기도 했다. 또 어떤 이는 인테리어 공사에만 투자하다가 망한 경우도 보았다.

강한 자가 이기는 것이 아니라 살아남는 자가 이기는 것이라는 말이 있다. 모든 시장이 그렇듯이 출발선에서 먼저 출발하느냐가 중요한 것이 아니라 얼마나 오랫동안 달리느냐가 더 중요한 세상이 되었다. 그렇다. 문제는 단거리경주처럼 순간적인 폭발력이 필요한 것이 아니라 마라톤처럼 오랫동안 달릴 수 있는 지구력이 생존에 필수불가결한 것이라는 점이다. 100m 달리기는 준비 없이 뛸 수 있다. 순간적인 근육의 힘과 의지만으로 가능하다. 아무리 힘들고 숨이 차도 죽지는 않는다. 마라톤은 그렇지 않다. 제대로 준비하지 않고 달리면 죽을 수 있는 운동이 바로 마라톤이다. 그래서 마라톤은 누구나 도전할 수는 있지만 아무나 완주할 수는 없다. 완주하기 위해서는 오랜 시간 준비가 필요하다. 적어도 6개월 이상 매일

2시간 이상을 그것도 일주일에 3~4회씩 뛰어야 한다. 페이스를 조절하고 죽음의 문턱까지 간다는 35km 지점까지 함께 뛰어줄 동료도 필요하다. 발바닥 물집이 터지지 않도록 준비해야 하고, 중간중간 수분도 섭취해야 하며 배고플 때를 대비해 먹을거리도 챙겨야 한다. 그럼에도 불구하고 탈락하고 낙오하는 마라토너들이 부지기수다. 하물며 내 인생의 전부를 걸고 한다는 외식업은 어떨까? 내가 만나본 예비창업자들은 대부분 6개월 이내에 창업결정과 오픈까지 일사천리로 진행하는 스타일이 많았다. 그들은 자신감이 넘쳤고 경쟁에서의 승리를 확신했다. 자신이 무엇을 잘할 수 있는지, 음식 서비스업이라는 환대산업에 잘 맞는지 그리고 힘들고 지쳤을 때 함께할 사람이 곁에 있는지조차도 알아보지 않은 채 불나방처럼 전광석화의 속도로 창업시장 속으로 뛰어들었고 대부분 결과는 참담한 실패로 끝났다.

물론 많이 배우지 않더라도 시작할 수 있고, 자금이 풍족하지 않더라도 뛰어들 수 있는 곳이 바로 외식업이다. 열정, 패기만으로도 시작할 수 있다. 본가의 백종원 대표가 그랬고, 놀부보쌈을 창업한 오진권 대표도 그랬다. 그렇다. 할 수 있다. 누구나 도전할 수 있고 또 많은 사람들이 성공한 곳이 외식업이다. 그런데 그들은 어떻게 성공했을까? 어떻게 맨손으로 시작해서 수십억, 수백억대의 대박식당 사장님이 되었을까? 그들의 성공스토리를 들어보면 창업부터 시작해서 수많은 시행착오와 어려움을 겪었다. 죽을 고비를 넘긴 적이 한두 번이 아니고 망하기 일보 직전에 기적같이 대박을 친 사연을 들으면 나도 모르게 눈시울이 뜨거워질 정도다.

그렇다고 그분들이 지금의 성공한 외식인의 반열에 이르기까지 남모르게 흘린 땀과 눈물을 얘기하려고 하는 것은 아니다. 창업 후 겪게 될 고생은 아직 출발하지도 않은 사람들에게는 먼 나라 이야기일 뿐일 것이다.

창업보다 더 중요한 것이 창업 전 단계다. 마라톤을 완주하려면 최소한 6개월은 준비해야 하는 것처럼 음식점을 하나 하려면 적어도 1년은 준비해야 한다는 것이 나의 생각이다. 지금 당장 실직을 했다고 해서 내일 당장 식당을 차릴 수는 없다. 밥도 먼저 물을 한 모금 마시고 먹듯이 음식점 하나 오픈하는 것도 차근차근 준비해서 시작해야 그나마 평생 모은 재산을 날리지 않을 수 있다.

나는 외식업에 관심이 많은 예비창업자들을 만나면 꼭 강조하는 창업 전 단계 3가지가 있다. 먼저, 외식업에 뛰어들겠다고 생각했으면 적어도 10권 이상의 관련 책을 읽고 정리해보라고 한다. 식당 차리는 데 웬 공부? 하는 사람들도 있겠지만 상당수 독자들은 공감하리라 믿는다. 일단 외식업에 대한 감각을 기르는 데 이보다 더 좋은 방법은 없다. 중요한 점은 반드시 정독해야 한다는 것이다. 이 책의 중간중간에 소개하는 책들과 스스로 느낌이 오는 창업서적을 10여 권 정해서 밑줄을 그어가면서 꼼꼼하게 읽기를 권한다. 당장은 같은 책을 두세 번 읽지는 않을 것이지만 지금 정독을 해두면 나중에 어렵고 힘든 시기가 왔을 때 떠올리고 다시 꺼내 읽을 수 있다. 아직 창업을 준비하지는 않지만 가까운 장래에 외식업을 고민하고 있는 분들이 있다면 지금 당장 시도해보기를 권한다. 그리 많은 돈이 들어가는 것이 아니므로 경제적인 부담도 되지 않으면서, 각 책마다 저자의 인생경험과 피땀 흘려 배운 노하우, 시행착오, 성공의 비결들이 들어 있다. 저자의 삶의 무게를 느낄 수 있다면 더 좋다. 그렇지 않더라도 일단 읽었다는 것 자체가 매우 중요하다. 창업 전 단계의 첫발을 제대로 내딛은 셈이다.

두번째 창업 전 단계로 준비해야 할 부분은 현장경험을 해보라는 것이다. 3년 전 어떤 젊은 친구가 창업을 하고 싶다고 연락이 왔다. 마음이 곧고 의지가 있어 보였다. 그러나 마음과 달리 몸이 음식점을 할 것처럼 보이지 않았다. 몇 달 음식점에 취업해 일을 해보고 음식점에서 일하는 것이 맞으면 다시 오라고 하면서 돌려보냈다. 정말 그 젊은이는 3개월을 고깃집 서빙과 장치(숯불을 피우고 날라주는 일)일을 했고 음식점을 할 수 있을 것 같다며 다시 찾아왔다. 그리고 3년이 지난 지금 대박식당 2개를 운영하는 사장님이 되었다.

식당일은 머리보다 몸이 먼저 움직여야 되는 업이다. 손님이 부르면 '왜 부르지' 하고 생각하는 것이 아니라 그냥 '네' 하고 가야 한다. 아침에 눈을 뜨면 자동으로 일어나 시장으로 재료를 구입하러 가야 한다. 정신없이 바쁠 때는 말보다 손이 먼저 움직여야 한다. 그것이 식당이고 현장에서 일하는 사람들의 습관인 것이다. 행동이 먼저고 그 다음 생각이 따라와야 한다. 그렇기 때문에 내 몸뚱이가 음식점을 하는 데 맞을지 안 맞을지 파악하는 길은 현장에서 일을 해보는 것밖에 없다.

마지막으로 사업계획서를 직접 작성해봐야 한다. 정해진 양식이나 거창한 내용이 아니어도 된다. 길면 1년 정도의 시간을 가지고 차분하게 만들어보면 열에 여덟이 실패한다는 외식업에서 성공할 수 있다는 자신감을 갖게 된다. 과연 이 업이 나와 잘 맞는지, 어떤 아이템을 선택해야 하는지, 그래서 어디에서 얼마의 자금으로 누구와 함께 시작할지를 그려볼 수 있다. 그림이 그려지고 머릿속에 생각이 따리를 틀게 될 때쯤이면 아주 작은 자신감과 함께 시작할 수 있을 것이다.

『나의 첫 사업 계획서』(사하&보비 하셰미 지음, 민음인 펴냄)를 보면 사업계획서를 작성하는 데 도움이 될 것이다. 런던에서 스타벅스와 같은 '커피 리퍼블릭'이라는 커피전문점을 준비하는 과정과 사업계획서를 아주 자세하게 소개한 책으로 꼭 읽어보길 권한다.

대박집과 쪽박집은 실행력의 차이다

음식점을 준비하는 동안 사업계획서를 꼼꼼하게 작성하다보면 놓치기 쉬운 부분들이 눈에 들어오게 된다. 애초엔 삼겹살과 김치찌개를 좋아해 이것을 메인 메뉴로 하는 식당을 생각했는데 준비하다보니 고깃집이 많다는 것을 알고 다른 메뉴로 전환하는 사례도 있었고, 청국장이 너무 맛있어 평생 청국장만 먹었다는 50대 아저씨는 청국장전문점을 하려고 사업계획서를 작성하다가 본인이 원하는 청국장을 구하는 것이 너무 어려워 결국 포기했다. 또 어떤 분은 1억 5천만 원으로 창업하려다 본인이 원하는 가게 아이템과 자금이 맞지 않아 은행대출뿐만 아니라 지인들에게까지 돈을 빌려 오픈하는 무리수를 범하기도 했다. 처음에는 자금에 맞게 시작하려고 했지만 가게를 구하는 과정에서 보증금과 권리금에 생각보다 비용이 많이 들어간데다 추가 인테리어를 하면서 조금만 더 조금만 더 하다가 초기 예상 비용의 2배가 들어간 경우였다.

　이렇듯 사업 준비 초반부터 고민과 결정이 동시에 진행되는 경우가 대다수다. 어디 이뿐이랴. 막상 가게를 개업하고 나서부터는 매사가 돈이요, 어느 것 하나도 남에게 맡길 수 있는 일이 없다. 홍보 전단 하나 만드는 것도 작게는 몇 십만 원에서 수백만 원이 들어간다. 주방에 형광등이 깨져도 사장이 직접 갈아야 한다. 화장실 변기가 막혀도 내가 아니면 어느 누구도 대신할 사람이 없다. 장사가 잘되면 그나마 다행이지만 생각보다 부진하면 고민은 많아지고 해결 방법은 쉽게 떠오르지 않는다. 그래도 뭔가 해야만 한다. 이런 행동과 생각들로 하루가 채워지고 매일의 일상이 다람쥐 쳇바퀴 돌아가듯이 반복되며 정신없이 지나간다.

　외식창업 전 꼭 읽어봐야 할 잡지가 2종류 있다. 바로『월간 식당』과『월간 외식경영』인데, 시중에서 구입할 수 있지만 정기구독을 하는 것이 좋다. 다양한 맛집 소개는 물론 창업에 필요한 주방기기와 기물, 포스시스템, 맛기행, 외식교육정보 등 유용한 정보가 많아서 가게를 오픈한 후에도 자주 뒤적거리게 될 것이다.

　『월간 식당』에서 2013년 신년사로 말한 내용이 있다. 다음 글을 잘 음미해보자.

　　"좋은 결과를 만드는 업소와 실패하는 업소의 차이는 간단합니다. 성공하는 업소나 실패하는 업소 모두 연초에는 각오가 대단합니다. 그리고 '잘해 보자!' 구호도 외쳐보고는 합니다. 그런데 실패하는 업소는 통째로만 생각하지 디테일이 없습니다. 실행하지 않습니다. 그런데 성공하는 업소는 다릅니다. 물론 '잘해 보자!', '노력하자!' 구호도 외치지만 그들에게는 디테일이 있습니다. 무엇을, 어떻게, 누가, 어떤 방법으로, 언제까지 등 구체적인 프로세스가 있습니다. 그리고 정기적으로 체크하고, 반성하고, 보완하고, 개선하고, 개발하는 피나는 노력이 있습니다. 이런 실행력이 성공으로 이어지는 것입니다. 국내 대다수 외식업소들이 이런 노력을 하지 않습니다. 대부분 대충대충, 적당히 하려는 습관이 몸에 배어 있지 않은가 돌아보았으면 합니다. (중략) 지금처럼 불황이 길어질수록 결국 외식업계는 경쟁력 있는 업소와 그렇지 못한 업소가 완벽하게 구분된다는 것입니다. 승자와 패자가 완벽하게 구분되는 시기입니다. 이런 시기에는 그 어느 때보다 경영주의 자세와 노력이 중요한 시점입니다. 경영주의 경쟁력은 곧 업소의 경쟁력이기 때문입니다. 따라서 경영주들의 좀 더 공부하고 노력하고 희생하려는 자세가, 행동이 요구되는 시기입니다.

문제는 실행력입니다. 최고, 최대의 경쟁력은 실행력이라는 사실을 잊지 마시기 바랍니다."

바로 디테일한 계획과 실행력이 성공의 첩경이라는 말이다. 예비창업자이건 지금 음식점을 운영하고 있는 사람이건 꼭 새겨둬야 할 부분이다.

나의 경우 첫번째 식당을 하다가 폭삭 망했던 적이 있었다. 2002년

소고기전문점을 인수해서 운영하다가 2003년 말 미국에서 광우병이 터지는 바람에 하루아침에 잘나가는 식당 사장에서 빈털터리가 되었다. 중간에 그만두려고 해도 새로 들어올 세입자가 없으니 계약 기간 동안 운영을 해야 했고 그동안의 월세, 운영비, 인건비 등 나가는 돈은 배보다 배꼽이 더 큰 것과 다름없었다. 결국 10여 년 동안 벌었던 모든 것을 잃고 난 다음에야 식당에서 벗어날 수 있었다.

달랑 남은 것이라곤 빚만 잔뜩 진 아파트 한 채와 중고차밖에 없었다. 배운 게 도둑질이라고 다시 두번째 식당을 시작하기 전까지 6개월간의 공백이 있었는데 이때가 나에겐 새로운 깨달음의 시간이었다. 왜 망했을까? 남들은 잘만 하는데 나는 왜 그랬을까? 과연 음식점을 하면서 돈을 벌 수 있을까? 하는 번민과 고민은 계속되었고, 오랜 시간 사색한 끝에 두번째 식당을 오픈하기 전 해답을 얻을 수 있었다. 바로 '실행력'이었다. 첫번째 식당은 막연한 생각만으로 운영했었다. 아이디어는 있었지만 실천하지 못한 것이 너무 많았다. 고객 포인트카드, 사이드 메뉴 주문시 30% 할인, 계절마다 새로운 메뉴 출시, 어린이용 메뉴 개발, 직원 유니폼 디자인 제작, 단골고객카드 만들기와 년 2회 감사카드 보내기, 어버이날 양말 선물하기 등등 아이디어는 차고 넘쳤지만 실제 식당에 적용한 것은 거의 없었다.

왜 나는 실천하지 못했을까?

이 질문이 6개월 휴식기 동안 내 고민의 시작이었고 끝이었다. 두번째 식당의 시작은 이 질문에 대한 답을 찾아가는 과정이었고, 머리보다는 몸으로 먼저 그 답을 풀었다. 고객 포인트카드를 만들었고, 매월 새로운 요리를 선보였으며, 직원 유니폼도 예쁘게 만들었다. 당시에는 한 달에 세 번 쉬던 직원휴무일을 매주 하루씩 쉬게 했고 급여도 주변 음식점 중 가장 많이 주었다. 매일 아침 조회도 했다. 단체 손님의 경우 테이블매트에 감사의 인사를 인쇄해놓았다. 매달 하루 매출액의 50%를 지역사회에 기부하는 해피데이 행사도 시작했다. 두번째 식당을 시작한 지 8년 차가 되는 지금 나의 식당은 천안에서도 손꼽히는 음식점이 되었다. 6명으로 시작했던 직원도 이젠 18명이나 된다. 100% 빚을 내 인수했지만 지금은 그 식당의 건물주가 되었다.

이러한 결과는 머리보다 몸을 먼저 움직이는 실행력에서 왔다. 그때 우연처럼 내 머릿속으로 들어왔던 '아이디어가 떠오르면 일단 실천해보자. 문제가 생기면 그 다음에 대안을 찾아보자'라는 이 생각 하나가 한 사람의 인생을 이토록 바꿔놓을 줄이야 누가 알았겠는가.

창업을 준비하는 사람이나 현역 외식업 종사자들을 만나서 내가 겪어왔던 과정을 얘기하다보면 자주 받게 되는 질문이 하나 있다.

"어떻게 그렇게 할 수 있나요?" "하루 장사하기도 시간이 빠듯한데 그런 것은 규모가 큰 식당을 운영하는 사장님 같은 경우나 가능한 얘기 아닌가요?"

그럴 수 있다. 하지만 나 역시 처음 시작할 때는 매일 새벽시장에 나가 재료를 샀고, 웬만한 전기공사는 직접 했다. 입구에 데크Deck를 만들

때도 인건비 50만 원이 아까워 칠순이 넘은 장인어른하고 같이 일했을 정도였다. 이런 질문을 받으면 아래와 같은 대답을 해준다.

"가능합니다. 대신 제가 말씀드리는 한 가지만 꼭 지켜주시면 됩니다. 여러분의 하루 24시간 중에서 여러분의 시간을 잡아먹는 불필요한 생활습관과 일들을 없애야 합니다. 쓸데없이 인터넷서핑 하느라 소비하는 시간, 농담하는 자투리 시간, 중요하지도 않은데 습관처럼 저녁에 술 마시는 시간 등 지금 여러분의 인생에서 굳이 하지 않아도 살아가는 데 전혀 지장이 없는 일에 낭비되는 시간을 줄일 수만 있다면 가능합니다."

불필요한 일을 없애고, 낭비되는 시간을 줄여야 새로운 계획에 시간을 투자할 수 있는 여력이 생기고 그래야 그 다음 단계인 행동으로 들어갈 수 있는 실행력이 만들어진다. 실행력은 매일 일정한 시간을 쏟아붓는 집중력과 반복훈련에 의해 만들어진다. 실행력을 만드는 데 늘 범하는 크나큰 시행착오는 일상의 잡다한 생활은 정리하지 않은 채, 새로운 실천계획만을 세우는 것이다. TV보는 시간, 인터넷서핑 혹은 스마트폰에 빠져 있는 시간, 잦은 술자리만 줄여도 확보할 수 있는 시간이 하루 평균 3시간은 된다는 것이 상담 과정에서 드러났다. 예비창업자라면 이 시간을 활용해 사업계획서를 작성하고 몸으로 입지를 찾아 나서라. 지금 음식점을 운영하고 있는 사장이라면 어떻게 매출을 높일 것인가에 신경을 집중하라. 손님이 만족하고 다시 찾아오고 싶은 식당으로 만들기 위해 무엇을 해야 하는지를 질문하고 답을 찾아 나서라.

성공의 지름길로 안내하는 5가지 워밍업

"한 달에 얼마 정도 벌고 싶으세요?"

　자신의 가게가 어려워 경영개선을 문의하거나 업종전환을 하고 싶다는 음식점 사장님들을 만나면 이런 질문을 드려본다. 많이 벌고 싶은 마음은 누구나 똑같다. 그래서 대부분의 사장님들이 슬며시 내비치는 속내는 월 1천만 원 정도다. 이 정도는 벌어야 자식들 학교 보내고 그동안 빚졌던 것 조금씩 갚고 노후를 위한 준비도 할 수 있단다.

　맞는 말이다. 누가 봐도 그 정도는 벌어야 그분들이 말하는 것들을 할 수 있다. 그러나 과연 한 달에 천만 원을 버는 것이 쉬운 일일까? 말이 쉬워 천만 원이지 직장인들 월급으로 따지면 최소 연봉 1억은 받는 사람들 수준이다. 그러면 나는 연봉 1억을 받는 사람들이 어떤 사람들인가를 얘기해준다. 대기업의 부장, 중소기업 임원, 은행 지점장, 고위급 공직자 정도는 되어야 받을 수 있는 수준이라고. 그럼 이런 사람들은 그동안 어떻게 살아왔을까? 이들은 학교 때부터 모범생 소리를 들어가면서 공부해 나름 괜찮은 대학을 나왔고, 이름만 들어도 알 만한 직장을 15년에서 20년은 열심히 다녔다. 그 결과가 바로 연봉 1억이다. 그런데 당신은 어떤가? 열심히 살았겠지만 그런 사람들처럼 학교 다닐 때 공부를 열심히 했는가? 또 직장생활 역시 열심히 해서 다른 회사에서 스카우트해갈 만큼 많은 성과를 낸 적이 있는가? 그렇게 치열하게 살지 않았으면서 돈은 비슷하게 벌고 싶다는 마음이 과연 맞기는 한가?

그렇다고 치자. 그렇다면 그 사람들의 마음은 과연 어떨까? 누구는 평생 모범생으로 열심히 살아서 그 정도 연봉을 받는데, 학교 다닐 때도 사회 나와서도 별로 열심히 살지 않았던 이들이 자기들과 비슷하게 돈을 번다면, 그것도 아주 쉽게 번다면 그동안 뼈빠지게 고생한 삶의 노력에 허탈함을 느끼지 않을까? 그리고 그것이 과연 정당하기는 한 것인가? "그래도 그만큼 벌고 싶어요" 하지만 장사가 어려운 사장님들은 이유가 어찌 되었건, 살아온 과정에서 어떤 굴곡을 겪었건 간에 당장 그 정도 돈은 벌어야 한다는 것이 공통된 의견이고 절실한 마음인 것을 상담 과정에서 느낄 수 있었다.

이때부터 나는 특유의 공부하지 않으면 성공할 수 없다는 주장을 침 튀겨가며 얘기하기 시작한다. 많은 돈을 벌겠다는 것이 목적일 수도 있지만 그것은 조금 위험한 생각이다. 성공한 이들의 비결 중 거의 예외 없이 공통적인 내용이 바로 돈보다 일이 우선이었고 자신의 업에 집중했던 것이 성공의 첫번째 조건이었다는 것을 알 수 있다. 돈은 그렇게 자신의 일을 잘해내면 그 다음에 자연스럽게 따라오는 보상과 같다는 말이다. 그렇다면 평범한 우리들 같은 사람들은 하늘의 별 따는 재주가 있지 않는 한 그들이 걸어간 방식을 따라가는 것이 늦었지만 지금부터라도 할 수 있는 유일한 방법일 것이다. 내가 보기엔 비록 나이가 많고 머리가 잘 안 돌아가더라도 공부하는 것이 가장 빠른 길이다.

유명 대학교에서 주관하는 외식경영자과정도 있고, 사설조리학교나 창업교육과정도 많다. 맛기행이나 벤치마킹교육도 찾아보면 꽤 다양하게 있다. 이런 형태의 단체교육을 받는 것도 공부다. 당장 비용과 시간을 투자해야 하겠지만 그래도 투자 대비 효과는 분명히 있다. 단, 이런 교육을 통한 공부를 할 때는 경계해야 할 점이 있다. 바로 사람을 잘 만나야 한다. 친목을 쌓는답시고 술자리를 자주 가지거나 장사를 해야 하는데 어디어디 다녀오자는 등 잿밥에 관심이 많은 사람을 만나면 헛바람이 들게된다. 그 다음 결과는 얘기하지 않아도 뻔하다.

"외식 관련 잡지하고 외식 경영 서적을 꼼꼼하게 읽고 사장님 머릿속에 자리잡을 수 있도록 메모하고 숙성시켜 두세요."

내가 즐겨 말하는 공부 방법이다. 먼저 『월간 식당』과 『월간 외식경영』이라는 잡지는 꼭 정기구독해서 봐야 한다. 요즘 어떤 트렌드가 유행하고 있고, 최근 인기를 끄는 업종은 무엇인지 또 식자재와 주방 설비, 교육 행사 등 다양한 정보를 알 수 있다. 전문가들의 칼럼도 읽어볼 만하다. 한 달에 한나절 정도 투자하면 충분하다. 그리고 시간날 때 자주 들여다보면 볼수록 좋다.

두번째 공부는 외식 관련 책을 읽는 방법이다. 인터넷서점(외식 또는 음식점이나 식당과 같은 검색어로 찾아보라.)이나 서점의 창업코너에 가서 맘에 들어오는 책을 구하면 된다. 이 책을 읽다보면 중간중간 나의 경험으로 괜찮다고 생각되는 책들을 소개했으니 참고해도 좋다. 책을 읽을 때 팁을 하나 드리자면, 한 권을 두 번은 읽어야 한다는 것이다. 첫번째 읽을 때는 눈으로 읽어도 되지만 두번째 읽을 때는 펜으로 밑줄을 긋는다던지하는 방법으로 눈과 머릿속에 각인을 시켜야 내용이 내 것이 된다. 많은 분들이 대충 읽고 나서 다 봤다고 구석에 먼지가 앉도록 방치하는 경우가 있는데 그런 어쭙잖은 독서는 음식점 운영에 전혀 도움이 되지 않는다. 책은 저자의 인생과 피와 땀이 배인 노하우가 들어가 있다. 옛 선인들처럼 정좌하고 정독할 수는 없지만 저자의 삶의 지혜를 그냥 흘려버리는 우를 범하지는 말아야 할 것이다. 홍대 카페 '비하인드'를 준비하고 창업한 이후의 과정에 대하여 자세하게 기록한 『우리 까페나 할까?』를 쓴 공저자들은 재미있게 일하면서 돈도 벌고 싶은 젊은 직장인들의 마음을 그대로 옮겨놓은 꼼꼼한 창업안내서를 만들었다. 세상에 나온 지 꽤 오랜 시간이 지났지만 『낭만적 밥벌이』와 함께 대표적인 창업&경영서란 평가를 받고 있다.

세번째 공부는 인터넷에서 유명 외식기업의 홈페이지나 파워블로그에 정기적으로 들어가 보는 것이다. 특히 파워블로그의 맛집 소개나 후기 등은 음식점 경영에 참고할 부분이 많다.

네번째 공부는 사색이다. 소의 위장이 여러 개인 이유는 소화를 잘 시키기 위함인 것처럼 앞에서 공부한 부분들을 혼자서 생각해보고 떠오르는 아이디어를 우리 음식점에 어떻게 적용할 수 있을까 하고 고민하는 과정이야말로 공부의 클라이맥스와 같다. 가능하면 하루 한 시간 정도는 혼자만의 시간으로 만들어보라. 커피숍도 좋고, 사우나도 좋다. 휴대폰을 잠시 내려놓고 조용한 시간과 공간을 가지면 숨죽여 있던 당신의 뇌파들이 새로운 세상으로 안내해 줄 것이다.

　　마지막 다섯번째 공부는 기록(메모)이다. 휴대하기 쉬운 노트를 하나 구입해서 책에서 읽은 내용이나 아이디어를 정리하는 습관을 들여보자. 또 고객 불만 사항, 고치거나 수선해야 할 부분 등등 뭐라도 좋으니 일단 메모하고 정리하자. 손으로 쓰기 시작하면 실천이 가능해진다. 앞에서 강조했던 실행력은 여기에서 출발한다. 공부 또한 실천하기 위해 필요한 것이다. 눈으로 읽고, 머리로 생각하고, 손으로 쓰기 시작하면 몸이 움직여지는 법이다. 담안及꽃

2부

엘림
들깨 수제비

손님들이 줄을 서는 이유는
분명히 있다

'엘림 들깨 수제비'의 가게 분위기는 친구네 집에 들러 구수하고 정성이 담긴 한 끼 식사를 대접받는 기분이랄까? '엘림'이란 이름이 뜻하는 사막 속의 오아시스처럼 사람들이 편안함을 느끼는 쉼터 같다. 따뜻한 들깨 칼국수 한 그릇 후루룩 먹고 나면 기운이 난다. 일상의 피로가 녹아 생활 에너지로 전환되는 듯하다. 사람들이 멀리까지 찾아가서 정성이 담긴 맛있는 음식을 먹는 이유이기도 하다. 웃음 가득한 얼굴로 지극정성을 다해 음식을 만드는 '엘림 들깨 수제비 (이하 엘림)' 김영록 대표를 만났다. 지금은 평일에도 줄을 서서 먹는 대박식당이지만 처음 시작할 때 그 모습 그대로 손님들이 내 집같이 들러 편하게 먹고 갈 수 있는 칼국수집으로 남고 싶다는 말이 엘림을 찾는 손님 숫자에 비해 참 소박하다.

좋아하고 잘하는 것
더하기 정성이다

소문난 김밥 아줌마

엘림의 들깨 수제비를 먹어본 사람들은 안다. 들깨 수제비의 깊은 맛과 포근한 가게 분위기, 온몸으로 느껴지는 지극정성을. 한 그릇의 들깨 칼국수를 만들기 위해 들깨, 육수, 반죽 등 재료를 준비할 때부터 손님들 입에 들어가기까지 모든 것들을 하나도 대충하는 법 없이 정성을 쏟기 때문이다. 음식에 대한 정성은 식당을 찾는 손님이라면 누구나 바라는 것이지만 실제로 많은 식당에서 찾아보기는 힘들다. 그러나 엘림은 메인 요리뿐만 아니라 함께 제공되는 수육이나 김치를 만드는 과정 역시 온 마음으로 지극정성을 다한다.

본래 맛있는 음식을 먹거나 만드는 것을 즐겨 하는 김영록 대표지만 단순히 음식을 좋아한다는 이유만으로 이렇게 정성을 쏟는 일이 쉬울까? '정성 없이 되는 일은 없다'는 평생의 마음가짐이 오랜 시간 몸에 배인 습관처럼 자리잡았기에 가능했을 것이다. 식당을 하기 전 10년 정도 매점을 운영한 경험이 있는데, 그 당시 고객의 입장에서 먼저 생각하고 챙겨주던 것이 습관이 되었고 결국 엘림에서 그 진가가 발휘된 것이다.

처음 매점일을 시작하게 된 여고에서는 음식을 직접 조리해서 팔 수가 없었기 때문에 학생들이 좋아하는 간식이나 식품들은 다른 곳에서 구입해다 판매했다. 컴컴한 지하 매점의 조명을 바꾸고 때가 낀 벽과 천장에 칠을 다시 하여 깨끗하게 단장을 한 다음, 미소로 학생들을 맞이하기 시작했다. 내 딸 같은 학생들이 먹는 음식이라고 생각하니 이윤을 생각하기보다는 맛있고, 건강한 식품을 찾았다. 또 건강을 챙길 수 있도록 재료가 좋고 믿을 수 있는 거래처를 찾아다녔다. 시장을 다니면서 직접 꽈배기나 김밥을 맛보고 조리하는 과정까지 모두 확인한 다음 선택해서 가져왔다. 그렇게 하려면 매일 새벽 5시에 음식을 가지러 가는 노력이 필요했다. 그렇게 5년 정도 여고 매점을 운영하면서 깨끗하고 맛있는 음식을 찾는 부지런함이 자연스레 몸에 배었다.

여고 매점을 그만두고 바로 이어서 국립재활원 매점을 운영하게 되었다. 맨 처음 매점을 찾아갔을 때, 그곳 역시 어두컴컴한 지하실이었고 손님이 전혀 찾아올 것 같지 않았다. 남편인 김제명 대표는 반대했지만 김영록 대표는 '할 수 있다'며 조명을 환하게 바꾸고 벽도 깨끗하게 칠하여 위생적인 분위기로 바꾸었다. 이때는 운좋게도 김밥이나 샌드위치 등 김영록 대표가 직접 음식을 만들어서 팔 수 있는 환경이었다. 처음 김영록 대표가 만든 김밥을 맛본 국립재활원의 의사나 간호사들이 '처음이니까 이렇게 좋은 재료로 맛있게 만든다'고 할 정도로 1,500원이라고 하기에는 재료나 맛이 가격 대비 2배 이상의 만족감을 줬다. 그럴 수밖에 없었던 것이 김밥 재료를 준비하는 데 드는 정성이 보통이 아니었다. 우엉은 맛좋은 진간장과 물엿으로 1시간 이상 조리고, 김밥햄도 좋은 제품을 사용해서 꼭 물에 씻고 알맞게 볶았다. 참기름은 직접 짜서 사용했다. 이렇게 재료 하나하나에 정성이 들어간 김밥이다보니 국립재활원 의사, 간호사, 환자, 환자 보호자, 실습 나온 학생들은 물론 근처 사는 동네 사람들까지 소풍 갈 때나 김밥이 필요할 때 단체 주문을 해왔다. 단체 주문이 들어오는 날이면 하루 200줄 이상의 김밥을 말아야 해서 일하는 사람을 따로 구해야 할 정도였다.

이때도 김영록 대표는 돈을 벌기 위해 김밥을 만든 것이 아니라 맛있는 음식을 많은 사람들에게 먹인다는 기쁨으로 김밥을 만들었다. 샌드위치 역시 1,500원이라고 하기엔 믿기 어려울 만큼 신선한 재료와 뛰어난 맛으로 인기가 좋았다. 당연히 오전에 만든 것은 그날 하루 안에 모두 파는 것을 원칙으로 했다. 좋은 식재료를 쓰다보니 이윤은 적었지만 전체 판매수량이 많아지면서 손익분기점을 넘길 수 있었다. 사람들에게 칭찬과 감사 인사를 받으며 매출도 조금씩 좋아지자 김영록 대표의 음식에 대한 애정과 사람에게 베푸는 마음도 서서히 세상을 향해 고개를 들기 시작했다.

이후 첫번째 식당을 할 때도 김밥 주문이 들어와서 다시 판매할 정도로 국립재활원 근처 많은 사람들이 김영록 대표의 김밥을 좋아했다. 엘림을 시작하기 전 열었던 첫번째 식당은 '그 김밥 만들던 아주머니가 하는 식당'이라고 소문이 나면서 손님들이 찾아오기 시작했다. 김밥, 샌드위치에서부터 집에서 아이들에게 만들어먹이는 간식까지 김영록 대표가 음식에 정성을 듬뿍 담아 완벽하게 만들었기 때문에 가능한 일이었다.

김영록 대표는 일상에서도 맛있는 음식을 사람들과 함께 나누는 것을 좋아한다. 그가 만든 삼계탕을 먹고 맛있다는 사람들에게는 다음 복날에 가족수에 맞춰 닭, 찹쌀, 대추 등의 재료와 한약재까지 포장해서 간편하게 조리할 수 있도록 선물한다. 상대방의 편의까지 배려한 선물이다.

첫번째 식당의 구원투수, '내가 잘하는 메뉴'

김밥과 샌드위치를 팔면서부터 평소에도 요리에 정성을 다하려는 김영록 대표의 마음이 사람들에게 전해졌다. 매점 입찰 건으로 국립재활원 매점을 그만두게 되면서 남편 김제명 대표는 작은 슈퍼를 냈다. 드디어 김영록 대표는 슈퍼 옆에 테이블 3개를 놓고 그동안 막연하게 하고 싶었던 식당을 해보자 마음먹었다. 그리고 2006년 7월 국립재활원 정문 앞 건물 1층에 작게 식당을 열었다.

김영록 대표의 시동생은 경북 영주에서 경상도식 해물 칼국수 장사를 했다. 시동생은 손맛이 좋고 음식 만들기를 좋아하는 형수에게 같은 메뉴를 권했다. 그래서 해물 칼국수를 시작했다. 그러나 시동생이 알려준 레시피가 있다고 해도 본인이 잘하는 메뉴가 아니었기 때문에 손에 잘 익지 않았고 무엇보다 경상도 사람들의 입맛에는 맞았을지 모르지만 대다수 서울 사람들은 해물 칼국수를 맵고 칼칼하게만 느꼈다. 김영록 대표는 일주일 만에 과감하게 문을 닫고 본인이 평소 즐겨 먹고 잘하는 메뉴인 콩국수와 칡냉면으로 다시 식당을 오픈했다. 김영록 대표는 식당을 창업하려면 본인이 좋아하고 잘하는 메뉴로 아이템을 선정하라고 조언한다. 물론 좋아하기만 해서는 안되고 주변의 많은 사람들에게 객관적인 검증을 받은 다음 시작해야 한다고 강조한다.

콩국수와 칡냉면으로 메뉴로 바꾸고 나니 손님들이 금세 많아지기 시작했다. 콩국수는 면요리를 좋아하는 식구들과 친구들에게 자주 해준 음식이었기 때문에 자신 있게 만들 수 있었다. 최고급 국산콩을 지방 산지에서 바로 주문해 콩을 100% 넣어 국물을 진하게 만드니 손님들이 좋아하지 않을 수 없었다. 서리태(검은콩) 국수와 백태(흰콩) 국수 2가지를 모두 했는데 다행히 동서가 품질 좋은 콩이 재배되는 지역에 살고 있어서 쉽게 구할 수 있었다. 칡냉면도 평소 아들이 좋아하는 메뉴였기 때문에 자신이 있었다. 칡냉면을 잘하기로 유명한 식당의 재료를 공급받아서 만들었는데, 거기에 김영록 대표의 손길을 더하니 더 반응이 좋았다. 바로 깨소금을 볶은 후 그 자리에서 바로 갈아 냉면 위에 뿌려냈더니 손님들이 아주 맛있어한 것이다. 음식에 조금만 신경을 쓰면 손님들이 훨씬 만족스러워한다는 것을 배우게 된 계기였고, 바로 이 경험이 추후 엘림에서 들깨를 사용하는 방법으로 이어졌다. 바로 들깨를 매일 볶아서 사용하는 것이다. 신선하고 맛있는 재료에 타고난 김영록 대표의 손맛이 더해지니 그때부터 손님들이 줄을 서서 먹기 시작했다. 첫번째 식당은 공간이 좁기도 했지만 한번 맛을 본 손님들이 다시 찾아왔고, 국립재활원 매점 김밥 아줌마가 하는 식당이라는 소문을 듣고 찾아오는 손님들도 많아 가게 앞에는 늘 기다리는 사람들로 붐볐다.

날씨가 추워지면서 겨울 메뉴에 대해 고민하던 중 자주 오는 손님이 '들깨 칼국수를 해 보면 어떻겠냐'며 아이디어를 건넸다. 맛있는 들깨 칼국수를 만들기 위해 맛집 여러 곳을 다니며 벤치마킹을 했고, 결국 맛을 따라잡는 데 성공했다. 이것이 엘림 들깨 칼국수의 시초였다. 초창기 때의 들깨 칼국수와 현재 엘림 들깨 칼국수의 차이점은 톳과 함초가루가 추가로 들어갔다는 것뿐, 맛은 초창기와 변함없이 유지되고 있다.

처음 들깨 칼국수를 만들고 맛을 감정해 줄 적당한 손님을 찾다가 국립재활원에 있을 때부터 알던 미식가 손님에게 도움을 청했다. 객관적인 맛을 잡아달라 부탁하며 그 손님이 '맛있다'고 할 때까지 다듬은 후 손님들에게 팔기 시작했다. 들깨 칼국수를 하면서 손님이 더 많아지기 시작했고 계속 줄을 서서 먹다보니 자연스럽게 손님들로부터 '매장을 넓혀 달라'는 요청이 쇄도했다. 그러던 중 지금의 엘림의 자리를 발견하게 된 것이다. 그때까지는 김영록 대표 혼자 식당을 운영해왔지만 식당 규모가 커지

면서 남편 김제명 대표의 도움 없이는 운영이 불가능했다. 김영록 대표는
김제명 대표에게 조심스럽게 식당을 큰 곳으로 옮기자고 제안했지만 처음
에는 반대에 부딪혔다. 하지만 김영록 대표는 비록 작은 식당이었지만 첫
번째 식당을 운영하면서 자신감을 얻었고, 성공에 대한 확신도 있었다.
계속된 설득 끝에 김제명 대표가 합류하면서 지금의 엘림 들깨 칼국수가
시작된 것이다.

온몸으로 느끼는 정성, 엘림 들깨 수제비

2007년 10월 엘림 들깨 수제비를 열었다. 메뉴는 들깨 칼국수, 청국장,

만두전골, 보쌈으로 시작했다. 오픈하고 3~4일 지난 후부터 점심 손님이 꾸준히 늘기 시작했다.

처음에는 메뉴에 만두전골이 있어서 손님들이 국물에 술을 마시는 경우가 생겼다. 오랫동안 자리잡고 술을 마시는 분위기보다는 편안하게 한 끼 식사를 먹고 가는 분위기를 유지하기 위해 만두전골을 메뉴에서 뺐다. 대신 칼국수와 수제비를 섞은 들깨 칼제비를 추가해서 '들깨' 메뉴에 더 집중했다. 누구나 인정하는 맛을 만들기 위해 김영록 대표 나이 또래인 50대 어머님들을 대상으로 맛을 맞춰나갔다.

또한 내 입에 맛있어야 손님들 입에도 맛있다는 생각으로 요리를 할 때는 신선하고 좋은 재료를 사용했다. 그리고 양념을 많이 쓰지 않으면서도 깊은 맛을 내는 데 초점을 두었다. 면에는 톳을 넣어 소화가 더 잘되게 했다. 또한 반죽 자체에 쌀을 10% 넣고 국물에도 쌀가루를 넣었다. 그러면 밀가루로만 만든 칼국수와는 달리 쌀과 밀가루가 조화를 이루면서 소화를 더 돕는다. 소화가 잘된다고 해서 포만감이 없는 것은 아니다. 들깨에는 식물성 지방인 리놀렌산이 함유되어 있기 때문에 엘림 들깨 칼국수를 먹고 배가 금세 꺼진다는 이야기는 들어본 적이 없다.

다른 곳의 들깨 칼국수와는 다른 엘림만의 특별한 재료인 톳과 함초가루는 건강한 재료를 연구하면서 알게 되었다. 처음에는 깨, 다시마, 백년초같이 건강에 좋다는 여러 가지 재료들을 반죽에 넣어보았지만 만족스럽지 않았다. 그렇게 질감이나 맛 등 여러 가지 한계에 부딪히다가 어느 날 허영만 작가의 『식객』이라는 요리만화에서 들깨탕에 톳이 들어가는 것을 보고 적용했다. 톳은 칼슘이 많아 여성 건강에 좋을뿐 아니라 살짝 씹히는 식감 때문에 손님들이 좋아했다. 또 콜라겐이 많고, 알긴산을 함유하고 있어 고지혈증, 콜레스테롤을 억제하고 요오드를 함유하고 있어 갑상선종을 예방하기도 한다.

'몸에 좋은 재료는 무엇일까?' 하고 늘 고민하며 찾아다녔다. 들깨 칼국수와의 궁합을 고려해서 재료를 찾아보고 직접 만들어보면서 우연히 함초가루를 알게 되었다. 함초는 먹는 화장품이라고 할 정도로 피부미용에 탁월한 효과가 있다고 알려져 있다. 혈액순환에 좋고 피를 맑게 해주고 혈관을 튼튼하게 하여 고혈압과 저혈압 예방에도 좋다. 소금도 마찬가지이다. 엘림의 주방 실장에게 선물 받은 함초소금으로 요리를 해봤더니 미세한 맛의 차이를 느낄 수 있었다. 맛도 좋고, 건강에도 좋기에 일반 소금보다 6~7배 이상 비싸지만 함초소금으로 모든 음식을 만든다. 그리고 육수를 끓일 때는 꼭 고추씨를 넣는다. 육수에 고추씨를 넣어 끓이면 맛이나 영양에 큰 영향을 미칠뿐만 아니라 칼국수 면발이 목구멍으로 부드럽게 넘어가기 때문이다.

이밖에도 식당을 찾아오는 손님들에게 푸짐하게 대접하고 싶은 마음에서 보리밥을 준비했다. 보리밥과 함께 비벼 먹는 깔끔하고 아삭한 콩나물과 무생채도 만들었다. 무생채는 소금, 마늘, 뉴슈가, 고춧가루로만 무치고, 콩나물은 기름을 사용하지 않고 톳과 함초소금으로만 무친다. 처음에 참기름을 넣었더니 콩나물 숨이 죽어버려서 지금은 함초소금만 사용하고 있다. 기름을 넣지 않아도 함초소금 덕분에 콩나물이 고소하고

아삭해서 보리밥과 비벼 먹으면 그 맛이 살아 있다. 그외에도 50대 여성들이 좋아할 만한 메뉴를 고민하던 중 전라도 친구가 묵은 김치를 잘하던 것이 생각나서 묵은 김치를 담그고 손님상에 내게 됐다.

엘림의 모든 요리는 건강에 좋은 재료로 만들고, 그때그때 만들어서 제공한다. 오픈하고 6개월 후부터 손님들이 엘림의 음식에 감동 받으며, 이집 대박나겠다는 말들을 남겼다. 따로 홍보나 마케팅 없이도 50대 어머니들의 입소문을 타기 시작하면서 손님들이 서서히 늘었고, 오픈 후 1년도 채 안된 2008년 5~6월부터 줄을 서기 시작했다. 입소문을 타고 멀리에서도 엘림을 찾아오는 손님들이 많았다. 어떤 홍보보다도 어머니들의 입소문이 가장 강력했다. 이렇게 모든 메뉴가 깔끔하고 깊은 맛을 낼 수 있는 이유는 손님들이 좋아하는 요소가 무엇이고, 그 요소를 살리기 위해서는 무엇을 보강하고 발전시켜야 하는지 매일같이 고민한 결과이다. 손님들에게 맛있는 음식을 대접하겠다는 진심에 맛과 정성이 더해져 손님들 마음에 전달된 것이다. 긴 줄을 서서 기다리며 짜증내던 손님도 진심이 담긴 들깨 칼국수 한 그릇 먹고 나면 불쾌한 감정은 모두 잊어버리고 가게문을 나선다.

엘림에는 50대 중년 손님들도 많지만 60~70대 연세 지긋하신 손님들도 많다. 평일에는 부부끼리 저녁시간에 자주 오고, 주말에는 가족들과 함께 온다. 그것은 가격 부담이 없다는 의미임과 동시에 들깨나 함초, 톳 등의 재료로 만든 건강식임을 인정받고 있다는 의미이기도 하다. 음식에 대한 김영록 대표의 철학도 있지만 국립재활원이라는 위치를 생각해서 건강하게 먹을 수 있는 음식을 만들자는 생각에 집중하고 연구한 결과이기도 하다. 그리고 들깨 외에도 반죽에 들어가는 톳과 함초가루 등 기본 재료에 각별히 신경썼기 때문이다. 이제 손님들은 들깨 하면 엘림을 떠올린다. 김영록 대표는 들깨 칼국수가 그냥 칼국수가 아니라 건강식, 보양식으로 더 확실하게 자리잡을 수 있도록 하기 위해 오늘도 멈추지 않고 꾸준히 건강한 재료에 대해 연구 중이다. **엘림**

한결같은 맛으로
손님들의 마음을 사로잡다

목숨 걸고 지키는 '바로 그 맛'

엘림이 모든 음식을 만들 때 가장 중요하게 생각하는 것은 늘 일정한 맛을 유지하는 것이다. 엘림을 찾는 손님들 역시 '그 맛'이 늘 한결같아서 생각날 때마다 찾아오는 것이다. 맛이 뛰어난 것도 중요하지만 뛰어난 맛보다는 많은 사람들이 좋아하는 평균적인 맛을 그대로 유지하는 것이 더 중요하다. 그래서 모든 메뉴를 그동안 개발한 표준 레시피로 정리해서 직원들도 레시피만 보고 똑같이 만들 수 있도록 했다. 그리고 맛의 일정함을 위해 염도계를 확인하면서 육수를 끓이고 김치를 담근다. 미세한 차이가 맛에 큰 영향을 미친다는 것을 알기에 김영록 대표는 자다가도 육수가 이상하다 싶으면 일어나서 확인한다. 물론 레시피가 있고 직원들도 오래 근무해서 김영록 대표가 없어도 들깨 칼국수는 제맛을 유지한다. 그러나 맛이란 식재료의 상태, 예를 들면 두께 같은 작은 변수만으로도 쉽게 변할 수 있다. 그 미세한 맛의 차이 때문에 엘림에서 5년을 근무한 실장이 있음에도 김영록 대표는 자리를 비우지 않는다. 이것이 김영록 대표가 엘림의 맛을 완벽히 지키기 위해 고수하는 철칙이다.

일정한 맛을 내기 위해서는 일정한 품질의 좋은 재료가 우선되어야 한다. 좋은 재료는 식재료 자체의 신선도나 상품으로서의 품질도 있지만 그 재료를 음식으로 만들기 위해 준비하는 방법과 그 과정의 정성까지도 포함된다. 엘림에서는 모든 식재료를 최상급으로 쓰고 있다. 그중에서도 김치는 들깨 칼국수를 살려주는 꽃이라고 생각하기에 김치를 담글 때는 제일 좋은 배추를 사용한다. 그리고 계절과 상황에 따라 담그는 방법을 달리한다. 예를 들면, 여름에는 배추가 쓰기 때문에 쓴맛을 없애기 위해 먼저 찬물에 담갔다가 소금에 절인다든지, 배추의 두께에 따라 적절한 염도가 달라지기 때문에 두꺼운 배추를 사용할 때는 염도계 수치를 0.2 정도 높인다든지 하는 작은 요소까지도 고려해서 맛을 유지하는 데 최대한의 노력을 기울인다.

겉절이는 칼국수와 먹을 때 사람들이 가장 많이 찾는 반찬이지만 아침에 미리 만들어두지 않고, 하루 여섯 번 또는 그 이상이 되더라도 일정량이 모두 소진되면 그때그때 준비해둔 양념과 배추를 버무려 내간다. 양

넘은 매일 아침 하루 쓸 양만큼만 만들어놓고, 비상시를 대비해서 냉장고에 약간 더 준비해둔다. 아무리 바쁜 점심시간 때라도 김치가 떨어지면 바로 그때 겉절이를 만들어서 손님에게 제공한다.

묵은지는 1년 전에 담근 김치를 영하 2도에서 숙성시킨다. 산지에서 매년 12월 3,000포기 정도 김장 작업을 해서 엘림으로 가지고 온다. 전라도 고흥에서 재배한 배추와 직접 담근 멸치액젓으로 10명이 15일 동안 김치를 담근다. 쿰쿰한 향과 더불어 깊은 맛을 느낄 수 있는 묵은지는 엘림에서만 맛볼 수 있는 별미로 별도 구입이 가능하냐는 문의를 자주 받을 정도다. 그래서 다른 음식점에 비해 엘림은 김치를 조금씩만 준다. 손님이 남기는 김치는 버려야 하는데 그렇게 버리기에는 아까울 정도로 정성들여 만들기 때문이다. 물론 양을 적게 주지만 모자란다 싶으면 바로바로 채워주기 때문에 손님들의 불만은 그리 크지 않다. 오히려 한 조각이라도 버려지는게 아까울 만큼 정성이 담긴 김치이다보니 손님들의 맛있다는 찬사가 이어지고 있다.

수육 역시 한번에 1kg짜리 고기 일곱 덩어리, 딱 7kg만 삶는다. 그때그때 삶기 때문에 하루 최소 여섯 번에서 최대 여덟 번까지 삶는다. 고기한 덩이를 더 넣어서 8kg을 삶을 수도 있지만 그러면 육수가 넘쳐 맛이 달라지기 때문에 정해진 레시피를 철저히 따른다.

수육에 한약재를 넣고 삶는 방법은 직원의 아이디어에서 얻었다. 한 직원이 시골에서 한약재를 넣고 끓인 수육을 먹어보고 김영록 대표에게 추천했다. 김영록 대표는 직접 경동시장에서 한약재를 구해 연구했고, 최종적으로 8가지 한약재를 뽑아낼 수 있었다. 그리고 계량이 쉽도록 한약재를 분말처럼 갈아 계량스푼으로 손쉽게 넣을 수 있도록 했다. 이렇게 정해진 방법으로 삶은 수육은 삶은 직후 10분 정도 지났을 때가 가장 맛있다. 이때 손님들에게 바로 제공하고, 삶은 후 2시간을 넘기지 않도록 양을 조절한다.

무말랭이도 집에서 만드는 것보다 더 정성스럽게 일일이 손으로 양념을 버무려서 만든다. 국산 무말랭이와 고운 고춧가루를 사용해서 일주일에 한 번 담그는데, 물에 불린 후 정확하게 네 번 물에 씻고, 탈수기로 다섯 번을 짠다. 그래야 속에 있는 씁쓸한 맛을 다 빼낼 수가 있다. 두 번만 씻으면 씁쓸한 맛이 남아 있어 맛이 깔끔하지 않다. 이렇게 준비한 무말랭이에 양념이 속까지 배도록 손으로 꼼꼼히 무친다.

들깨는 최상품을 1년 단위로 계약하여 안정적으로 공급받고 있다. 최상급 들깨는 복잡하고 까다로운 공정을 거치는데 하루 전날 방앗간에서 육수에 넣기 알맞은 크기로 일정하게 빻아서 가져온다. 먼저 알이 실한 들깨를 씻어서 물기를 빼고 건조시킨 다음 볶아서 껍질을 벗긴 후 빻는다. 빻은 들깨의 크기가 조금이라도 달라지면 맛까지 달라지다보니 늘 똑같이 만들 수 있도록 신경쓴다.

보리밥 역시 그냥 한번에 하는 것이 아니라 보리쌀을 삶은 후 물기를 다 뺀 다음 그것을 다시 쌀과 섞어서 밥을 한다. 보리밥을 할 때는 다시마를 넣어 건강함을 더한다.

이렇게 엘림은 끊임없이 일정한 맛을 유지하기 위해 실질적인 방법을 연구하며 노력하고 있다. 뿐만 아니라 기존의 조리 방법도 계속 검토하면서 재료 준비 방법을 개선해가고 있다. 맛을 위해서 늘 재료에 대한 연구를 게을리하지 않는 이유는 이 일을 좋아하고 즐기기 때문이라고 한다. 김영록 대표는 식당을 하려면 적어도 음식을 만들고 먹는 것을 좋아하고 이 일에 열정을 가질 수 있는지 확인할 필요가 있다고 한다. 그러기 위해서 외식업에 관련된 책 10권 정도를 읽으면서 본인 스스로를 꼭 체크해봐야 한다고 강조한다.

아낌없이 주는 식당, 아낌없이 주는 손님

만 원 한 장으로 할 수 있는 일이 별로 없는 요즘 엘림을 찾는 손님들은 6,000원이란 저렴한 가격에 보리밥과 수육, 정성 넘치는 들깨 칼국수까지 푸짐하게 대접받고 기분좋게 가게문을 나선다. 그래서 손님들은 다른 사람들에게 엘림을 소개하거나 직접 지인들을 데리고 다시 찾는다. 때로는 뜨끈한 칼국수가 생각나서, 때로는 엘림만의 감칠맛이 생각나서 찾아온다. 어쩌면 김영록, 김제명 대표 두 사람이 만드는 편안하면서도 따뜻한 분위기가 엘림을 다시 찾게 만드는 이유일지도 모르겠다.

단골손님들도 몇 가지 유형으로 나눌 수 있다. 첫번째 유형은 매일같이 엘림을 찾는 손님들이다. 3개월 동안 매일 엘림을 찾아오는 동사무소 직원이 있었다. 음식을 만드는 사람 입장에서도 저렇게 먹으면 물리지 않을까 걱정이 되었는데, 그 손님은 3개월 동안 매일매일 거르지 않고 찾

아왔다. 그리고 이에 못지않게 매일 포장해가는 손님도 있었다. 늘 들깨를 많이 넣어달라고 따로 주문하던 고등학교 남학생은 고교 3년 내내 친구들과 함께 왔고, 할머니와 아버지 등 가족까지 데려와서 자주 먹고 가곤 했다. 엘림에 오면 수육만 먹는 세 살 된 아기도 있다. 이 아기는 들깨칼국수는 안 먹고 수육을 그렇게 잘 먹는데, 항상 엄마랑 오다가 어느 날은 할머니가 데리고 왔는데 결국엔 할머니까지 엘림을 다시 찾는 단골손님이 됐다.

두번째 유형은 엘림을 찾을 때 손에 무엇인가 들고 오는 손님들이다. 주말에 시골 가서 딴 것이라며 밤이나 감을 한 봉지씩 챙겨오는 손님, 여행 갔다가 생각났다며 김영록 대표의 립스틱과 김제명 대표의 벨트를 사

오는 손님, 여행 기념품이라며 티셔츠를 사오는 손님, 잘 먹었다며 팁을 주는 손님, 음료수나 커피를 사오는 손님 등 무엇이라도 나누려는 손님들이 많다. 엘림에 처음 왔던 20대의 젊은 친구는 다음 방문 때 꽈배기를 만들어오기도 했다. 처음 왔을 때 멀리서 온 것을 알고 두부과자를 챙겨주었더니 감사하다며 그 마음을 꽈배기로 보답한 것이다. 매년 1월 1일 새 지폐를 가지고 오셔서 세뱃돈을 주시는 할머니도 계신다. 평일에도 자주 오시던 분이었는데 2009년 1월 1일 이후 늘 새해 첫날에 오셔서 새 지폐를 직원들과 사장님에게 세뱃돈으로 주신다. 맛있는 들깨 칼국수를 만들어줘서 고맙다는 인사를 이렇게 표현하시는 것 같다. 이것은 손님들의 마음에서 우러나오는 것이라고 밖에는 설명이 안된다. 김영록 대표는 본인들이 손님들을 챙긴다고 생각했는데 말하다보니 받은 것이 더 많다며 웃는다.

세번째 유형은 엘림을 멀리서 찾아오는 손님들이다. 캐나다 유학생인데 한국에 올 때마다 공항에서 바로 엘림을 찾아오는 손님, 일본에서 정기적으로 엘림을 찾아오는 일본인 부부 손님도 있다. 일본인 부부는 '이 음식은 정성으로 만들어서 남기면 안된다'며 남김없이 먹고 간다.

이런 손님들을 포함하여 많은 손님들이 엘림을 찾아주었기 때문에 지금의 식당이 유지될 수 있었고, 엘림으로부터 받은 정성을 돌려주거나 감사의 마음을 꼭 표현하는 손님들이 있었기에 음식만 파는 식당이 아닌 따뜻함이 넘치는 식당, 손님들의 특별한 식당 '엘림'으로 자리잡을 수 있었다.

김영록 대표는 이렇게 안면이 있는 단골손님들에게는 꼭 서비스를 챙긴다고 한다. 만두를 서비스로 낸다거나, 어머니나 자녀 등 가족들과 함께 오면 수육 한 접시를 따로 챙겨준다. 김영록 대표는 손님들이 바쁜 식당 사정을 배려해 빨리 먹고 일어나주셔서 고맙고, 늘 찾아주셔서 고맙고, 입소문 내주셔서 고맙다. 이렇게 고마운 마음이 절로 우러나오니 자연스럽게 손님들 곁에 다가서게 되고, 하나라도 더 대접하게 된다.

주방에서 일하는 직원들도 나름의 방법으로 손님들을 배려한다. 주방에서 보이는 테이블을 주시하면서 연세가 있으신 손님일 경우 칼국수 면을 더 오래 삶아드리고, 고기도 더 부드러운 부분으로 썰어드린다. 젊은 여성 손님들이 주문한 테이블은 수육을 살코기만 있는 부위로 제공하고, 남자 분들일 경우 살코기와 비계가 같이 있는 부위로 썰어준다. 이렇게 세심하게 고객을 살피는 마음에 대한 응답으로 손님들도 다시 엘림을 찾는 것이다.

　엘림을 찾아온 손님들은 대부분 비슷한 이야기를 한다. 근처 대학교 수인 40대 손님은 일주일에 두세 번 학생들과 함께 찾아오는데 가격대비 만족도와 늘 한결같은 맛은 물론이고 개인적으로 '아낌없이 주는 사장님의 인심이 좋아 자주 찾는다'고 한다. 또한 함께 오는 학생들이 좋아하고 모두 잘 먹어서 자주 오게 된다고 한다.

　딸 내외 가족과 함께 온 60대 여성 단골손님은 김영록 대표와 평소에 자주 왕래를 한다. 멀리 살고 있지만 김영록, 김제명 대표 내외가 좋아서 온다고 한다. 또 어디를 가도 엘림처럼 진한 국물이 없다며 지인들에게도 많이 소개한다고 한다. 뿐만 아니라 매실 엑기스를 많이 담았다며 가져오기도 하고, 본인의 손수건을 사는 김에 같이 샀다며 선물도 한다.

　남편과 윗동서 부부와 함께 온 50대 여성 단골손님은 많을 때는 일주일에 서너 번씩 엘림을 방문한다. 주인 내외와 음식이 진실해서 먹고 나면 다른 식당에서 먹었을 때와 다르게 몸이 좋아지는 게 느껴진다고 한다. '내 몸이 힐링되고 있구나' 하는 느낌을 주면서 맛도 항상 일정하고 어디에도 가격 대비 이렇게 잘 나오는 식당이 없어서 일주일에 한 번은 꼭 방문한다고 한다. 지난번 방문 때는 김영록 대표 모르게 가시오가피즙을 가게에 두고 갈 정도로 엘림을 아낀다.

식당과 함께 성장하는 사장님

김영록 대표는 본인 스스로는 단순하다고 표현하지만 결단력과 실행력으로 본인이 생각하는 것을 바로 행동에 옮기는 강단 있는 사람이다. 그리고 그 결과물이 지금의 엘림이다. 첫번째 식당을 했을 때도 해물 칼국수가 아니다 싶어서 일주일 만에 문을 닫았다. 같은 이치로 어떤 메뉴를 넣었을 때 손님들에게 반응이 없으면 바로 메뉴에서 뺐다. 엘림을 처음 오픈했을 때 메뉴에 있었던 청국장도 매출의 많은 부분을 차지했지만 뜨거운 뚝배기로 인한 안전사고가 염려되어 직원들의 반대에도 불구하고 바로 정리했다. 청국장을 뺐을 때 매출이 실제로 줄긴 했지만 곧 서서히 원래 매출 수준으로 회복했다.

엘림이 성장할수록 매 순간 손님들이 무엇을 더 좋아할까 연구하고 공부했다. 일주일에 두 번 이상 벤치마킹을 다니는 것부터 강의 수강, 독서, 경영자과정등록 등 끊임없는 공부의 연속이었다. 벤치마킹을 가면 맛도 맛이지만 그 식당의 서비스, 환경, 분위기부터 어떤 구성으로 음식을 제공하는지 등 전반적인 것을 모두 관찰한다. 그리고 공부한 것은 바로 엘림에 적용시켜본다. "일이 즐거우니 매일이 행복하다"는 말이 있는 것처럼 행복한 일을 더 잘하기 위해 엘림이 자리잡은 3년 후부터 "식당은 이렇게 성장하는데 내가 가만히 있으면 안되지, 실력을 쌓아야지"라는 생각으로 외식업 공부도 하고, 스피치최고경영자과정에도 다녔다. 지금은 직원들 교육도 직접하고, 손님들과 자연스럽게 대화도 하지만 처음 식당을 시작했을 때 김영록 대표는 사람들과 이야기하면 얼굴이 빨개지고 본인의 의사도 제대로 전달하지 못했다고 한다. 스피치최고경영자과정을 통해 자신감을 얻고 미래에 대한 준비를 해야겠다는 확신도 얻었다. 거기에 외식업경영자과정도 다니면서 새로 거듭나기 위해 준비하고 공부했다. 중요한 것은 배운 것으로 끝내지 않고, 실행해볼 수 있는 것은 바로 적용하는 것이다. 강의에서 직원들의 동기부여를 위한 인센티브 지급에 대해 배우면 그날 엘림으로 돌아와 실천할 수 있는 적정선을 정해서 바로 인센티브 제도를 도입했다. 한번은 2권의 책을 따로 보다가 엘림에 적용시킬 만한 내용을 발견한 적이 있다. 한 책은 식당 크기가 작다고 한계를 짓지 말라는 내용으로 소규모 식당이지만 하루 수백 그릇을 파는 라면집, 국수집의 사례를 담고 있었다. 그리고 또 다른 책은 소규모 식당의 경우 테이블 수보다 회전율, 즉 음식이 나오는 속도가 중요하다는 내용이었다. 이 책들을 보고 엘림에서 개선할 수 있는 부분을 찾기 시작했다. 본인이 생각하는 한계를 넘을 수 있을까? 음식이 나오는 시간을 더 단축시킬 수 있을까? 이것이 과제였다. 고민 끝에 찾은 방법은 면뽑는 시간을 단축하는 것이었다. 가능한 방법들을 집중적으로 연구했더니 실제로 조리 시간을 3분 30초로 단축시킬 수 있었다. 이렇게 개선을 거듭한 결과는 2012년 9월 KBS2 〈생생정보통〉에 출연하면서 입증됐다. 방송이 나간 주말 최고 판매 기록을 달성한 것이다. 15개의 테이블에서 총 700그릇 이상의 판매 실적을 올렸는데, 이것은 테이블 회전수가 23번에 달했다는 것이다. 달리 말하면 손님들이 14분 만에 식사를 마치고 일어났다는 의미와 같다.

최근에는 점점 경영에 대한 필요성을 많이 느껴 경영 공부를 계속하고 있는 중이다. 이렇게 공부할 수 있는 환경을 갖출 수 있었던 것은 홀과 회계 관리를 전담하는 남편 김제명 대표가 있기에 가능했다. 김제명 대표는 더 공부해야 다양한 재료에 대한 아이디어도 얻을 수 있고, 더 나은 운영 방식을 알게 되어 엘림을 더 내실 있게 키울 수 있다고 생각하기 때문이다. 김영록 대표는 계속 공부하라며 옆에서 응원해주는 김제명 대표가 있기에 더욱 발전할 수 있었다며 김제명 대표에게 늘 고마운 마음을 갖는다.

엘림 주방 윤미라 실장 인터뷰

Q "엘림만의 강점은 무엇이라고 생각하시나요?"

A "직원 입장에서 보면 우선 남는 음식 재고가 없습니다. 매일매일 그날의 음식을 모두 소진해요. 김치 양념도 하루 쓸 것만 만들고, 아무리 바빠도 그날 아침에 김치를 버무립니다. 절대 미리 해두는 법이 없어요. 직원들 입장에서는 다소 귀찮은 일이지만 사장님 철칙이라 저절로 따르게 돼요. 점심피크시간에도 두세 번 김치를 담글 정도니까요. 그렇게 하다보니 하루에 6~7번 정도는 김치를 담그곤 합니다.

그리고 홀과 주방의 호흡이 서로 잘 맞아요. 아마도 엘림의 분위기가 편한 이유가 직원들 관계가 좋아서 그런지도 모르겠어요. 손님이 아무리 화가 나 있어도 능숙하게 손님을 대하는 대표님의 서비스 마인드는 직원들이 봐도 감동적이예요. 화가 난 손님도 나갈 때는 무조건 웃고 나가게 만드시니까요. 손님들 말 한마디 한마디에 귀 기울이시고, 손님들에게 정말 잘하십니다. 타고나신 것 같아요. 예전에 손님 중 한 분이 화장실에서 나오시다 옷이 어딘가에 걸려 조금 찢어진 적이 있어요. 그때 대표님은 세탁소 수선비로 옷값의 절반이나 챙겨드렸어요. 그리고 항상 새 양말을 비치해서 혹시라도 화장실이나 식당 바닥에 있는 물에 양말이 조금이라도 젖는 일이 생기면 바로 갈아신을 수 있도록 하십니다.

또 음식에서 머리카락이 나오면 그냥 넘어가지 않습니다. 돈을 안 받는 것은 물론이고, 소금이나 들깨가루를 꼭 서비스로 챙겨드려요. 그러니 손님들이 식당 문을 나서면서 웃을 수밖에 없는 거죠."

Q "김영록, 김제명 두 대표님이 강조하는 마인드나 요소가 있나요? 어떤 부분을 보고 많이 참고하고 배우시나요?"

A "음식에 대한 결단력과 실행력을 본받고 싶습니다. 예전에 식당을 운영한 적이 있어서 이렇게 좋은 재료를 쓰고, 제때 음식을 만드는 게 얼마나 어려운지 알거든요.

수육을 만들 때, 고기는 딱 7kg만 삶아요. 이것보다 많으면 맛이 달라지거든요. 한번에 삶을 고기양이 2kg 즉, 두 덩이 밖에 안되더라도 맛을 위해 반드시 40분을 삶습니다. 그렇게 하니 토요일 같은 주말에는 6~7번 고기를 삶기도 하고요. 한 번만 삶으면 가스비도 절약되고 좋지 않을까 했는데 일정한 맛을 내고, 손님들도 좋아하시는 모습을 보면서 이 원칙을 고수하시는 대표님 내외 분이 대단하다는 생각을 했습니다.

또 대표님은 손님뿐만 아니라 거래처도 살뜰하게 챙기세요. 좋은 재료를 제공해 줘서 고맙다며 명절마다 선물을 보내십니다. 주로 버섯, 소고기 같은 몸에 좋은 먹거리로 선물을 많이 하시는데 작년에는 아이스박스에 직접 만든 만두를 넣어서 선물하시는 모습을 보고 직원들도 감동하고, 또 한번 배우게 됐습니다. 당연히 직원들도 정말 잘 챙겨주세요. 작년에 제 딸이 재수를 했는데 고기를 좋아하는 딸의 식성을 아시고 1년 동안 고기를 대주셨어요. 그러니 저절로 잘하려고 노력하게 되고, 대표님이 하고자 하는 방향으로 따를 수밖에 없어요." **엘림**

따뜻한 인정으로
나눔을 실천하다

국수집은 국수집답게

면요리의 매력은 밥때와 상관없이 언제든 오고 싶을 때 와서 편하게 먹을 수 있고, 저렴한 가격으로 부담 없이 먹을 수 있다는 점이다. 엘림에서는 6,000원이라는 부담 없는 가격에 몸에 좋은 음식 한상차림을 대접받을 수 있으니 손님들이 다시 찾는 것은 당연한 일이다.

우연히 단골손님의 추천으로 들깨 칼국수를 시작했지만 사실 그 당시에는 바지락 칼국수가 유행했었다. 하지만 사람들이 들깨 칼국수는 잘 몰라도 들깨가 몸에 좋다는 사실은 잘 알기 때문에 승산이 있다고 생각했다. 평소 좋아하는 메뉴도 면요리이고, 들깨도 좋아하다보니 유행은 아니었지만 자신 있게 시작할 수 있었고, 이 모든 것이 운좋게 웰빙을 원하는 현대인들의 바람과 딱 맞아떨어졌다. 그리고 국수집은 국수집다워야 하기 때문에 식재료에는 투자를 아끼지 않지만 인테리어는 현재 분위기에서 큰 변화 없이 소박하게 유지하고 있다. 대신 손님들의 불만을 해소하는 차원의 변화에는 적극적으로 나설 계획이다. 2013년에는 손님들의 가장 큰 불만인 잦은 합석을 해결하기 위해서 붙여놓으면 4인용, 떨어뜨리면 2인용이 되는 상을 주문제작할 예정이다.

엘림만의 편안하고 따뜻한 분위기는 그냥 만들어지는 것이 아니다. 맛, 음식, 메뉴 종류, 식당 대표의 마음가짐 등 다양한 요소들이 영향을 미친다. 하지만 무엇보다 식당 분위기에 가장 큰 영향을 미치는 것은 바로 함께 일하는 직원들이다. 그렇기에 엘림은 일에 능숙하고, 안정된 직원들과 3년 이상 호흡을 맞추고 있다. 김영록 대표는 처음 식당을 할 때부터 함께 일하는 사람이 즐거워야 엘림이 성장한다는 생각을 갖고 있었다. 업계 평균보다 높은 급여와 일정 매출 이상 달성시 10만 원 단위로 지급되는 인센티브, 1년 이상 근속시 매년 보너스 지급, 생일날 보너스 지급, 4대 보험, 식후에 제철 과일 및 영양제를 제공하는 등 다각도로 고민한 끝에 직원들의 마음을 얻는 데 성공했다. 얼마나 노력했는지 외식 경영 수업에서 알려주는 내용 중에 이미 김영록 대표가 하고 있는 것들이 많을 정도였다.

지금 엘림은 11명의 직원들과 평균 3년, 길게는 5년을 함께 일하고 있

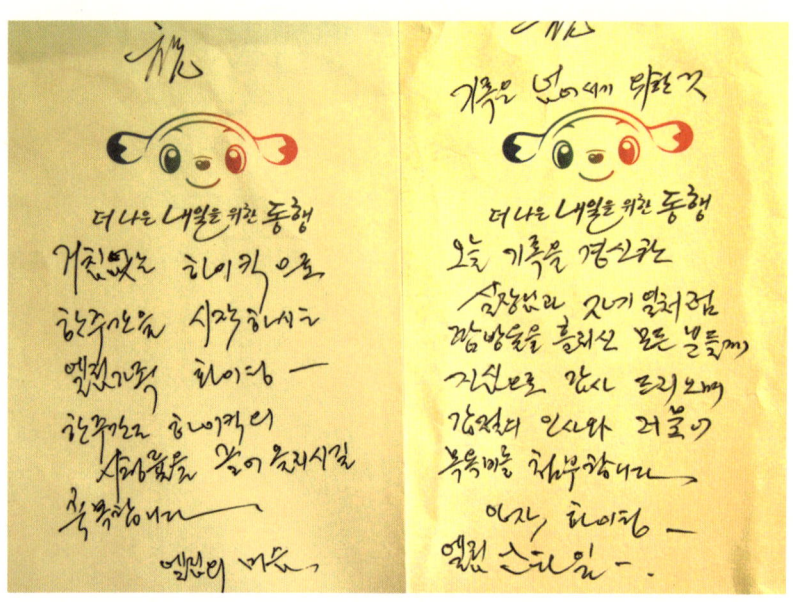

다. 엘림은 하루 매출 목표 금액 이상을 달성하면 직원 복지 기금을 적립한다. 이 기금으로 2013년 1월에 직원 모두가 일본 오사카로 2박 3일간 일본 연수를 다녀오기도 했다. 손님의 입장이 되어 일본 식당들의 상냥하고 친절한 서비스를 직접 체험해볼 수 있는 기회였다. 그리고 생일 같은 특별한 날에는 축하 상여금, 꽃다발과 함께 매번 손편지를 써서 고마운 마음을 전한다.

김제명 대표는 직원 한명 한명을 식구라고 생각하고, 직원 모두를 한 사람의 소중한 인격체로 대한다. 그러다보니 단점보다는 장점을 칭찬하게 되고 자연스럽게 유대감이 쌓인다. 또 간혹 안 좋은 상황이 벌어져도 서로 좋게 풀어나갈 수 있도록 유도한다. 예를 들면, 주방에서 설거지하는 직원이 그릇을 자주 떨어뜨리고 깨뜨리면 "기운이 떨어졌나보다. 양갱을 좀 갖다줘라." 하며 농담처럼 넘긴다. 만약 손님들이 많이 놀랄 정도로 심하게 떨어뜨렸다면 "아직 끝날 시간 아닙니다. 고객님 죄송합니다. 지상파 방송이 잘못되어서 지방 소음이 나왔습니다." 하며 분위기를 부드럽게 만든다. 그릇을 깬 것에 대해 다그치면 분위기만 험악해질 뿐 좋아지는 것은 아무것도 없기 때문이다. 이 사실을 잘 아는 김제명 대표는 오히려 유머러스하게 상황을 설명하면서 분위기를 풀어나간다.

손님들의 안전도 중요하지만 일하는 직원들의 안전에도 각별히 신경 쓴다. 신발이 닳아서 미끄러지는 일이 없도록 부엌에서 신는 슬리퍼를 자주 교체하고, 늘 바닥을 뜨거운 물로 닦아 기름기를 없애고, 칼국수면 절단 기계를 사용할 때는 손에 딱 붙는 장갑을 착용하도록 해 작은 부분이라도 직원이 위험에 노출되지 않도록 배려한다. 또한 김영록 대표는 직원들이 일을 효율적으로 할 수 있도록 칼국수면을 1인분씩 별도 포장하여 빨리 나오게 하는 방법을 직접 연구해서 만들었다. 이전에는 수제비와 칼국수 각각의 반죽을 적당한 그램수에 맞게 자르고, 다시 무게를 재는 등 번거로운 과정을 거쳐야 했는데 개별 포장을 도입하면서 일의 절차가 간소화됐다. 이렇게 업무 환경에 대해 끊임없이 점검해서 더 나은 방향을 제시하고, 변화를 주기 전에는 직원들의 의견을 묻고 최대한 반영해서 모든 직원들이 만족할 수 있도록 한다.

엘림은 직원들과 함께 단순한 서빙을 넘어서 손님들에게 최상의 서비스를 제공하는 방법을 연구하고 있다. 또 직원들에게 관리자로 성장할 수 있다는 동기부여를 하면서 대표와 직원이 함께 성장할 수 있는 방법을 늘 고민한다. 그래서 김영록 대표는 한국외식정보서비스아카데미에서 강의를 듣고 배워온 것들을 직원들과 공유하고, 바로 실천한다. 예를 들면, 홀 담당 직원들에게 자신이 들었던 아카데미 강좌를 직접 들을 수 있는 기회를 준다. 이는 수업에서 '잘되는 식당은 직원에게 투자한다'는 이야기를 듣고 김영록 대표가 곧바로 시행한 결과이다.

마지막으로 김영록 대표는 손님들에게 감사함을 전할 수 있는 방법은 진심 어린 인사밖에 없다는 생각에 『서비스 슈퍼스타』란 책을 직원들과 함께 읽었다. 이 책을 읽고 손님을 대할 때 무엇이 부족한지를 깨달았기 때문이다. 직원들도 책을 읽고 각자의 부족한 점을 스스로 깨달았고, 고치려고 노력하는 것이 눈에 보였다. 여기서도 김영록 대표가 직원들과의 관계를 얼마나 중요시 하는지 알 수 있다. 직원의 부족한 점을 사장이 나서서 지적하면 관계가 불편해질 수밖에 없다. 하지만 책을 통해 돌아볼 수 있는 기회를 주면 직원들은 본인의 문제점을 스스로 깨닫고 고치려고 노력한다. 그리고 시간이 걸리더라도 서서히 나아지는 모습을 보여준다. 이렇게 엘림의 사장과 직원은 오늘도 감사의 마음을 담아 손님들에게 진심 어린 인사를 건네고 있다.

주인을 닮아가는 따뜻한 가게

작은 가게에 울려퍼지는 김제명 대표의 목소리는 합석하는 손님들마저

기분좋게 만든다. 적은 테이블 수임에도 불구하고 빠른 회전이 가능한 것은 모두 김제명 대표 덕분이라고 김영록 대표는 강조한다.

"조심히 살펴 가시옵소서."
"아름다운 숙이 님, 이미숙 님 들어오소서."
"복스러운 여인, 김복녀 님 들어오세요."
"김두한 종로파 보스 김두한 님 들어오세요."
(젊은 여성 여러 명이 오면) "김아무개 님과 소녀시대 들어오세요."

차례를 기다리며 밖에 서 있던 손님들은 가게에 들어서는 순간부터 웃음을 짓는다. 이름이 불리면 본인의 신발은 연령대에 상관없이 직접 신발장에 넣고 들어가도록 김제명 대표가 안내한다. 처음 엘림에 오면 왜 이러나 하고 연세가 있는 손님들은 오해하지만 이 작은 안내에도 의도가 있다. 엘림을 찾는 주고객층이 50대 이상의 중년이다보니 본인의 신발도 어디에 뒀는지 기억하지 못하는 경우가 많다. 그리고 사람이 많다보면 신발이 문밖으로 밀려나가 차 밑에 들어가 있는 불상사가 일어나기도 한다. 또 최근에는 신발 디자인까지 비슷비슷해지다보니 손님들이 신발을 찾는데 더 어려움을 겪곤 한다. 이런 이유로 본인의 신발을 직접 신발장에 넣게 함으로써 신발 위치에 대해 확실히 인지시키는 것이다. 사소한 부분이지만 손님의 입장에서 생각해 만든 방법이다. 만약 신발이 바뀌었을 때는 미리 마련해둔 새 신발을 제공하고, 신발을 찾으면 직접 손님에게 가져다 준다. 이렇게 세심하게 손님들을 챙기는 김제명 대표도 바쁘다보면 자기도 모르게 목소리가 커지기도 하지만 늘 손님의 입장에서 생각하고 행동하는 노력파다.

엘림을 찾는 주요 손님들은 40~50대가 많지만 70~80대 할머니, 할아버지들도 제법 찾아오신다. 혈관을 맑게 하고 몸을 따뜻하게 하는 들깨와 톳, 함초가 주는 건강한 이미지와 쉽게 먹을 수 있는 면요리이기 때문이지만 무엇보다 오시는 어르신들께 일일이 인사를 건네고 안부를 묻는 두 대표의 따뜻한 관심이 주된 이유다.

식사를 하시는 분들의 대화를 살짝 엿들어보면 옛날 어려웠던 시절 자주 해 먹었던 수제비나 칼국수에 대한 이야기가 주를 이룬다. 들깨 수제비 한 숟가락 드시면서 들깨의 따뜻함과 옛 추억을 함께 드시는 셈이다.

입소문이 계속 나면서 이제는 젊은층도 엘림을 많이 찾는다. 이들도 하나라도 더 챙겨주려는 김영록 대표의 따뜻한 정 때문에 오는 것이 아닐까 한다. 우는 아이가 있으면 음료수를 챙겨서 아이 엄마와 함께 아이를 달랜다. 멀리서 차를 타고 엘림을 찾아오는 손님들께는 판매를 위해 따로 덜어둔 들깨나 함초소금, 아니면 비치해둔 두부과자라도 손에 들려서 보낸다. 안면이 있는 지인이 찾아오면 아무리 손님이 넘치는 점심시간이어도 밖에까지 나와 인사를 한다. 국립재활원 매점 시절부터 인연을 맺고 있는 장애인 친구들이 찾아오면 뭐라도 하나 더 챙겨서 보내려고 마음을 쓴다.

이렇게 하나라도 더 주려는 김영록 대표와 오는 손님들이 편하게 먹고 가도록 세심하게 챙기는 김제명 대표 두 사람이 만드는 엘림의 분위기에 많은 사람들은 다른 곳에서는 찾기 힘든 따뜻한 인정을 느낀다. 오늘도 김영록 대표는 손님들이 언제라도 맛있게 먹고 갈 수 있도록 세심히 식당을 살피고 작은 것 하나라도 챙겨서 보낸다. 그 모습을 옆에서 지켜보는 김제명 대표는 손님들이 줄 서서 기다릴 때만큼은 제발 적당히 하라고 농담처럼 말하기도 하지만, 사실 퍼주기 좋아하는 천성을 가진 김영록 대표의 마음 씀씀이를 가장 잘 이해하고 지지해주는 사람이다.

남을 돕는다는 마음, 그 뿐

"초등학교 때 거지를 씻겨서 밥을 먹이고, 안방에 앉혀놨더니 엄마한테 혼이 났습니다."

"초등학교 때 도시락을 꼭 친구들과 나눠먹었어요. 급식으로 빵을 먹는 친구들에게 내 도시락을 나눠줬지요. 누가 시킨 것은 아니었어요. 좋고 나쁘고를 따질 것 없이 어렸을 때부터 사람들과 나누는 것을 좋아했어요."

엘림의 손님 중 한 분은 김영록 대표를 '작은 거인'이라며 칭찬을 아끼지 않는다. 남편인 김제명 대표는 생활비에 구멍이 나는 줄도 모르고 퍼주기를 좋아하는 사람이라고 귀띔한다.

엘림을 찾아오는 손님들 중에는 지나가는 길에 인사차 들르는 사람들도 많다. 그중 장애우가 오면 엘림 입구 쪽에 마련된 휠체어를 위한 테이블 자리에서 식사할 수 있게 한다. 혹시라도 팔이 불편한 장애우가 찾아오면 김영록 대표가 직접 떠먹인다. 이 친구들과의 인연은 국립재활원 매점에서부터 시작되었다. 당시 전국 각지에서 온 장애우들이 재활원에 모여 3개월간 훈련을 받은 일이 있었다. 이때 매점에 놀러 오면 우유도 주고 이야기도 나누다보니 매점이 사랑방처럼 되면서 이들과 인연을 맺게 된 것이다.

엘림의 두 대표에게는 내가 잘되는 만큼 나누고 함께 잘살아야 한다는 생각이 몸에 배어 있다. 이런 이야기도 다른 이야기 도중에 흘러나와서 알게 되었을 정도로 두 대표에게 나눔과 선행은 아주 자연스러운 일이다. 국립재활원에서 매점을 하던 시절부터 도움이 필요한 사람이 찾아오거나, 단체를 통해 후원 요청이 오면 기꺼이 도움을 준다. 사회복지에 관심이 많아 뒤늦게 공부해서 99학번으로 대학에 입학해 사회복지와 상담심리를 공부하기도 했던 김영록 대표는 지금은 개인적인 인맥이나 아는 단체를 통해서 후원을 하지만 나중에는 장애우를 위한 일을 본격적으로 하고 싶다고 말한다.

Q "이 친구들과 어떻게 인연을 이어오셨나요?"
A "지속적으로 연락하는 친구들이 5~6명 있었습니다. 그중 자주 오고 연락하는 한 친구는 상담심리학 대학원 진학 예정으로 2012년 5월에 공부하러 울산에서

서울로 상경했습니다. 재활원에서부터 인연이 시작되었어요. 대학 공부가 하고 싶었지만 학비가 없어 고민할 때 학비를 지원했지요. 그런데 첫번째 학비만 지원받고 이후에는 4년 내내 장학금을 받았어요.

대구에 있는 한 친구는 방세가 없어 어려웠을 때 도움을 줬었고, 그외 여수 등 각 지방마다 어려울 때 도움을 주는 친구들이 있습니다. 아이들이 여러 명이기 때문에 혹시나 몇몇 아이에게만 사랑을 주는 것처럼 보이지 않도록 늘 주의합니다. 그리고 무엇보다 아이들 인성교육이 제대로 될 수 있도록 도움을 주고 있어요."

엘림이 유명해지면서 주변에서 식당을 하려는 사람들이 상담을 요청하는 경우가 많아졌다. 김영록 대표는 그 사람들이 와서 물어보면 물어보는 대로 본인의 노하우를 가리지 않고 알려준다. 창업 컨설팅을 하라는 사람도 있지만 김영록 대표는 대가 없이 본인이 엘림을 하면서 알게 된 지식과 정보를 시시콜콜 알려준다. 혼자만 잘사는 것이 아니라 함께 잘 살아야 하기 때문에 나누는 것은 당연하다고 말한다. 이미 엘림 주변의 식당 2곳이 김영록 대표의 컨설팅으로 탄생했다.

첫번째 식당은 김영록 대표가 엘림 이전에 했던 식당 자리에 다른 사람이 다시 오픈한 것이다. 김영록 대표를 찾아와 "백반집을 할까요? 메뉴는 무엇을 하면 좋을까요?"라고 상담을 청해 느낀 점을 그대로 알려줬다. 재활원 앞이라는 위치적인 특성을 잘 살려서 전문음식으로 하되, 환자들과 함께 먹을 수 있는 메뉴면 좋겠다고 조언했다. 건강식이면서 포장이 가능한 메뉴를 찾다가 청국장을 파는 식당은 이미 있으니 순두부는 어떨까 하는 결론에 이르렀다. 김영록 대표의 조언대로 100% 국산 최고급 콩으로 만든 순두부집을 열었고, 지금은 환자 보호자들이 많이 포장해가는 메뉴로 자리잡았다.

두번째 식당 역시 엘림 근처에서 추어탕 칼국수를 하는 곳이다. 처음 엘림으로 조언을 구하러 찾아왔을 때 어떤 메뉴를 해야 할지부터 고민하다가 대화 도중 우연히 추어탕을 잘한다는 이야기가 나와 추어탕으로 메뉴를 정했다. 김영록 대표의 "잘하는 음식을 식당 메뉴로 해야 한다"는 조언 때문이었다. 처음에는 추어탕만 하다가 중간에 메뉴를 보강해서 추어탕 칼국수를 같이했다. 김영록 대표는 오픈 후에도 종종 음식점에 들러 지속적으로 의견을 준다. 예를 들면, 추어탕 칼국수도 좋지만 20~30대는 추어탕을 잘 안 먹기 때문에 추어탕에 향수를 가지고 있는 40대~50대가 더 선호하는 수제비를 하면 국물과 함께 떠먹을 수 있어 좋을 것 같다는 식으로 세세한 부분까지 조언한다.

Q "음식점을 창업하고 6개월이나 1년도 안되어서 손님이 없다고 조급해하는 분들에게 어떤 이야기를 전하고 싶은가요?"

A "라디오에서 이런 이야기를 들었어요. 산에서 어떤 사람의 손바닥에 참새들이 모여드는 것을 봤다고 합니다. 사연을 들어보니 한 달 동안 땅콩을 주면서 참새를 유인하고, 교감하려고 노력하자 그제야 참새들이 찾아왔다고 하더군요. 참새도 한 달이란 시간 동안 땅콩을 주는 그 사람의 정성 때문에 결국 그 사람을 알아보게 된 것이죠. 음식점을 하는 사람들도 마찬가지입니다. 손님들과 음식을 매개로 소통해서 계속 찾아오게 만들어야 합니다. 그러려면 일단 찾아오는 손님들께 잘

해야하고 맛있는 것을 내놔야 합니다.

식당뿐만이 아니라 지금 당장 힘들다고, 나랑 안 맞는다고 싹 바꾸면 처음부터 다시 시작해야 합니다. 식당이라면 다시 준비하고 오픈해야 하는 겁니다. 제가 5년 동안 겪어봤고, 그 경험에 대한 자신감이 있어서 이렇게 확신을 가지고 이야기할 수 있는 것 같네요."

주변에서 식당을 하겠다고 찾아오면 소규모가 대세이니 메뉴를 전문화하고, 이왕이면 본인이 잘하는 단품 메뉴로 시작하라고 한다. 그리고 가능하면 부부가 같이하는 것이 좋다고 조언해준다. 특히 김영록 대표처럼 50대에 인생 2막을 시작하려는 사람들 중 음식을 좋아하고 자신 있는 단품 메뉴가 있다면 소규모 식당만큼 보람 있는 일도 드물다며 추천한다. 앞으로 10년을 내다보면 웰빙이 중요하기 때문에 맛보다는 건강식으로, 본인이 잘하고 남들도 인정하는 단품 메뉴를 가지고 전문식당을 창업하면 분명 성공할 수 있다고 확신을 심어준다.

김영록 대표는 끊임없이 연구하고 공부하면서 식당과 함께 본인도 성장하고 손님들과 맺어가는 친밀한 관계 속에서 일하는 재미를 느끼는 하루하루가 행복하다고 말한다. 본인 역시 자신 안에 이런 열정이 있는 줄은 몰랐다고 할 정도로 엘림을 하면서 음식에 대한 재능을 마음껏 발휘할 수 있어 행복하다고 한다. 하지만 음식에 대해 완벽주의를 추구하는 사람답게 절대 이윤을 남기거나 장사를 목적으로 음식점을 하면 안된다고 마지막 당부를 덧붙였다. **엘림**

'진심'이 대박식당을 만드는 기본 원칙이다

좋은 서비스는 손님을 배려하는 것이다

현재 음식점을 운영하고 있는 사람이나 예비창업자들 모두 외식 사업을 생각하면서 가장 먼저 부딪히는 문제는 '어떤 음식을 아이템으로 하는가'와 '어떻게 하면 최고의 맛을 낼 수 있는가'이다. 『월간 식당』 2013년 1월호 외식소비자 고객설문조사에 따르면 소비자들이 외식업소를 선택할 때 가장 중요한 요소는 '맛'(45.6%)이었다. 또 음식점을 다시 찾는 이유도 총 응답자의 49.2%가 '음식맛이 좋았을 때'라고 답했다. 반면 '서비스가 좋아서' 찾는다는 고객은 21%로 맛이 좋아서 방문하는 비율의 절반에도 미치지 못했다.

외식업소를 선택하는 표면적인 기준은 설문조사에서도 나타나듯이 분명 '맛'이 절대적인 가치이다. 그런데 이 조사의 끝부분에는 위와 같은 맥락에서 다시 방문하고 싶지 않은 업소 유형을 묻는 질문이 있었다. '음식맛이 없는 음식점'이 36.1%의 응답을 받아 다시 한번 맛이 중요한 기준이라는 것을 확인할 수 있었지만 그 다음으로 '불친절한 업소'가 30.2%나 차지했다. 결국 맛있는 집을 찾아가는 소비자의 심리는 누구나 생각하는 보편적인 기준이지만 외식업의 특성상 성공하는 음식점은 재방문하는 단골고객에 의해 가려지기 때문에 '친절한 업소'를 외식업의 성공에 두번째로 중요한 요소로 꼽을 수 있다는 것이다. 이점에 우리는 주목해야 한다.

좋은 음식을 대접받은 기억과 기분 나쁜 서비스를 경험했던 기억 중 어떤 것이 더 오랫동안 기억에 남을까? 또는 늦은 시간에 식사를 하려고 음식점에 방문했는데 귀찮은 듯이 "영업 끝났는데요"라고 퉁명스럽게 말하는 식당과 "어떡하죠? 오늘 저희 영업시간은 마감되었습니다. 혹시 지금이라도 식사가 가능한 주변 음식점을 알려드릴까요?"라고 말하는 식당 중에서 고객은 어떤 식당에 재방문할 확률이 높을까? 나는 서비스란 손님이 무엇을 필요로 하는지 아는 것이며, 손님이 편안하게 식사할 수 있도록 배려하는 것이라고 생각한다. 예를 들어 오늘 우리 음식점에 500명의 손님이 와서 정신없이 바빴다고 치자. 그런데 마지막 500번째 손님이 방문했을 때는 재료가 거의 다 떨어져서 음식을 대충 만들어 냈더니 그 손님이 불같이 화를 내고 돌아간 것이다. 이때 당신이 주인이라면 손님이 500명이나 와서 매우 바빴기 때문에 한 명 정도의 손님에게 음식을 소홀히 대접한 것은 어쩔 수 없는 일이라고 생각할 수 있다. 그러나 그 고객은 어떤 마음일까? 앞의 499명이 어떻게 대접받았는지와는 관계없이 그저 내가 먹고 싶었던 음식을 맛있게 먹고 싶은 마음이었을 것이다. 이런 손님의 마음을 이해하고 마지막까지 배려하는 것이 바로 서비스인 것이다. 그렇기 때문에 오랫동안 사랑받는 음식점이 되려면 뛰어난 요리만큼 친절한 서비스도 함께 자리잡아야 한다.

이제 서비스란 어떤 것인지 조금 더 깊이 알아보기로 하자. '고객에게 서비스를 잘하려면 고객의 소리를 잘 경청하라'라는 말에서 서비스를 한국식 표현으로 바꿔보면 '손님을 잘 대접하려면 손님의 눈과 마음에 집중하라'로 풀이할 수 있다. 이때 '서비스'가 '대접'과 같은 의미인 것이다. 예로부터 집에 귀한 손님이 찾아오면 우리네 어머님들은 정성을 다해 음식을 만들고, 술상을 보곤 했다. 어린 아이가 있으면 손님에게 큰절을 하고 무릎을 꿇고 앉는 것으로 예를 표했다. 이렇게 하는 것이 그 손님에 대한 '대접'이자 '예의'라고 본 것이다. 옛날 어른들의 대접이 오늘날의 서비스가 된 것이 아니고 무엇이겠는가.

우리 음식점을 방문한 손님들의 이야기를 잘 듣고, 그들이 무엇을 원하는지를 파악해서 즐거운 식사시간이 되도록 하면 손님들은 행복감을 느끼고, 또 다른 손님들을 데리고 재방문할 것이다. 또 서비스가 참 좋은 집이라고 입에 침이 마르도록 칭찬을 하며 동네방네 소문을 낼 것이다. 손님에게 이 정도의 반응은 이끌어내야 좋은 서비스라고 말할 수 있지 않을까. 여기서 '좋은 서비스'의 의미는 손님을 잘 대접하는 것, 손님을 이해하고 손님의 입장에서 생각한 음식과 서비스를 제공하는 것이다. 즉, 손님의 입장에 서서 음식을 대접하는 것이다. 나는 이것을 '손님에 대한 배려'라고 말한다.

> "서비스와 배려의 차이를 이해하는 것은 성공의 기본조건이다. 서비스는 어떤 상품을 기술적으로 전달하는 것이라면, 배려는 그 상품을 전달받는 사람의 느낌을 중요시하는 것이다. 서비스는 무엇을 어떻게 할 것인지 결정하고 일방적으로 서비스의 기준을 정하는 반면, 배려는 손님의 입장에서 모든 감각을 사용해서 귀를 기울이고 계속해서 사려 깊고 호의적이고 적절한 반응을 보여주는 것이다. 최고가 되기 위해서는 훌륭한 서비스와 훌륭한 배려, 둘 다 필요하다."
>
> – 『세팅 더 테이블』 중에서

『세팅 더 테이블』의 저자 대니 메이어는 22년 동안 뉴욕에서 11개의 레스토랑을 성공적으로 운영하면서 음식보다 더 중요한 외식 경영을 강조했고 '고객에 대한 배려'야말로 다른 레스토랑과 내 레스토랑을 차별화시키는 핵심 요인임을 알고 있었다. 손님이 예약한 시간에 원하는 자리에서 제대로 된 대접을 하는 것도 훌륭한 서비스이고, 적절한 음식을, 적절한 온도로, 적절한 테이블에, 적절한 사람에게 전달하는 것도 좋은 서비스라고 했다. 종업원이 품위 있고 우아하게 와인을 따르는 것, 빈 접시를 공손하게 치우는 것, 손님의 질문에 친절히 대답해 주는 것 역시 좋은 서비스이다. 그러나 이런 서비스는 매뉴얼에 충실한 서비스일지는 몰라도 직원들의 친절함, 상냥함, 사려 깊음까지 담은 서비스라고 보기 어렵다. 손님들이 종업원을 자기편이라고 느낄 수 있을 정도로 진심을 다하는 것이 고객에 대한 서비스라는 것이다.

외식업은 오랜 시간 산업화와 정보화 시대를 겪으면서 스스로 진화하고 있다. 단순히 먹고 사는 생존의 단계를 넘어 원하는 음식을, 원하는 시간에, 원하는 방식으로 즐기는 문화적 단계에 이르렀다. 하지만 외식업은 진화의 단계와는 무관하게 늘 사람의 따뜻한 손과 마음을 필요로 한다. 그 어떠한 것도 미소 가득한 눈빛과 친절한 응대를 대신할 수 없다. 식당 주방에서 음식을 전자제품처럼 찍어내고, 그 음식을 로봇이 가져다주는 장면은 상상조차 하기 힘들 정도로 음식점에 관한 우리들의 생각은 지극히 아날로그적이다. 게다가 고객들은 대우받고 인정받기를 원한다. 자기를 반갑게 맞아주고 가장 중요한 고객으로 대해주며 자신이 원하는 것이 무엇인지 알고 그것을 맞춰줘야만 그 식당의 단골이 된다. 음식값이 싸든 비싸든 식당 직원들이 진심으로 자기를 한식구처럼 여겨주는 곳을 선호한다. 오죽하면 20%의 단골손님이 80%의 매출을 책임진다고 하겠는가.

'손님을 한식구로 만들 수 있는 특별한 비결은 없을까?' 하는 생각에 외식업 종사자와 손님 등 여러 사람들을 만나고 인터뷰를 했다. 신기하게도 그들의 의견은 비슷한 결론에 도달했다. 먼저 눈인사와 정중한 스킨십을 통해 고객과 편안한 관계를 만들고 고객의 이야기를 들어주라는 것이다. 그러면 자연스럽게 고객의 상태를 파악하게 되고 즐거운 식사시간이 되도록 돌보게 된다. 결국 단골손님을 만드는 비결은 단지 그 고객을 기억해주고 '반가운 손님'으로 대우해주는 것뿐이다. 손님은 그 이상 많은 것을 원하지 않는다. 이것이 식당 직원과 고객이 관계를 맺는 과정이고, 친밀감은 이러한 배려와 재방문이 반복되면서 만들어진다.

며느리도 모르는 레시피의 비법, 정성

맛집 블로그들을 돌아다니다보면 유명한 식당에 직접 찾아가 먹어보고 감탄하는 경우도 있지만 그렇지 않은 경우도 적지 않다. 댓글도 다양해서 돈을 받고 올린 글이라는 비난도 있다. 물론 일부 그런 글이 있을지도 모르지만 대개는 파워블로거들의 개인적인 의견을 솔직하게 올린 것이다. 그런데 왜 평가는 각기 다른 것일까? 사람마다 맛에 대한 느낌과 판단 기준이 제각각이기 때문이다. 매운맛을 선호하는 사람은 담백한 음식이 입에 맞지 않고, 된장찌개를 좋아하는 사람에게 파스타를 먹자고 하면 선뜻 내키지 않아 하는 것과 같다.

하지만 손님들의 입장이 어떻든 음식점을 운영하고 있거나 앞으로 식당을 창업할 계획을 갖고 있는 사람들은 좀 다르게 봐야 하지 않을까. 맛에 대한 기준과 평가가 사람마다 다르다면 음식 전문가들도 각기 다른 것이 당연하다. 그렇다면 외식 경영자인 우리는 우리만의 기준과 우리만의 맛을 내는 포인트를 가지고 있으면 된다. 욕심이 많은 음식점은 이것저것 다 맛있게 만들려고 하는 경향이 있다. 고깃집은 고기가 맛있는 것이 우선이고, 청국장집은 청국장이 맛있으면 된다. 매운탕전문점은 매운탕 하나에 목숨을 걸면 그만이다. 그런데 밑반찬도 맛있게 무치고, 김치도 잘 담그고 싶어한다. 손님에게 더 맛있는 음식을 대접하고픈 마음은 충분히 이해한다. 그러나 손님들은 그런 집을 특별히 선호하거나 골라서 찾아가지는 않는다. 어쩌면 한 가지라도 똑 부러지게 잘하는 곳을 찾아가고 싶은 마음일지도 모른다.

『초짜도 대박나는 전문식당』을 쓴 백종원 대표는 이런 말을 했다.

"전문식당은 메뉴를 단순화하여 전문화한 식당으로, 맛집으로 성공할 수 있다. 이유는 간단하다. 메뉴가 단순하다 보니 매번 같은 음식을 만들고, 그러다 보면 메뉴를 발전시키기 쉽고 빠른 시간 내에 음식의 질이 향상된다. 또 같은 재료만 소비하게 되니 재료도 신선하고 음식의 가격도 낮출 수 있다. 설사 주방장이 초보자라고 해도 같은 음식만 만들기 때문에 빨리 숙달된다."

나는 우리 음식점만의 맛 포인트를 잡아내는 방법이 이것과 다르지 않다고 본다. 답은 '단순화'다. 음식을 복잡하게 만든다고 해서 대단한 맛이 나는 것이 아니기 때문이다. 내가 고깃집을 할 당시 주방장이 고기양념장을 만드는 것을 본 적이 있는데 불과 10분이 채 되기도 전에 하루치 소스를 다 만들었다. 나는 고기양념 배합비율을 맞추기 위해 소스를 끓이고 달여 이틀간 숙성까지 하는 정성을 들였는데 그 주방장은 그 재료의 절반 정도만 사용해서 아주 간단하게 만드는 것이었다. 그래도 맛은 다를 것이라 생각했는데 그것은 큰 착각이었다. 맛도 주방장이 만든 것이 훨씬 맛있었다. 고객들이 판단했으니 더 말할 필요도 없었다. 나중에 둘이서 술을 먹으면서 소스 만드는 비결에 대해 물어본 적이 있었는데 그 주방장의 대답은 의외로 간단했다. 20년 가까이 고기양념을 재다보니 자기 나름대로 쉽고 간단하게 만드는 노하우를 터득하게 되었다는 것이다. 그러면서도 재료도 덜 쓰고, 시간을 단축시키는 방법까지 알게 되었다고 한다. 가능한 쉽게 하려고 하는 것이 자기 스타일이라고 했다. 그렇다고 무조건 쉽게만 하는 것이 맛내기의 전부라는 것은 아니다. 단순화하되 핵심적인 맛을 내는 자기만의 노하우가 있다는 말이다.

유명한 맛집들을 소개하는 TV프로그램에서 맛을 내는 데 대단한 비결이 있는 것처럼 말하지만 비결이라기보다는 정성이라는 생각이 든다. 특정한 양념이나 국물소스를 만드는 과정을 지켜보면 대부분 1차 양념과 2차 숙성 그리고 일정한 온도에서 일정 시간 동안 보관을 하는데, 일명 '며느리한테도 알려주지 않는다는 비법소스'를 만드는 과정은 모두 이것과 동일하다.

결국 단순한 메뉴, 손쉬운 레시피, 그리고 정성이 들어간 양념이 대박집의 3대 요소인 것이다. 음식 장사만 15년을 해오고 있지만 대박집의 특징은 대부분 이 틀에서 크게 벗어나지 않는다.

일단 우리는 맛내기의 2가지 포인트를 찾았다. 하나는 메뉴를 단순화하되 숙련도를 높여 맛을 내는 방법이고, 다른 하나는 쉽고 간단한 레시피로 음식의 맛을 내는 것이다. 그렇다면 이런 방식들이 녹아들어간 내

가게만의 레시피는 어떻게 만들 수 있을까? 위의 내용들을 자세하게 다시 풀어보기로 하자. 수없이 되풀이해서 말하지만 대부분의 맛집들은 메뉴가 몇 가지 없다. 기껏해야 김치찌개로 대박난 집에 삼겹살 정도가 있을 뿐이다. 생태찌개가 유명한 음식점은 해물찜이나 대구찜같은 찜메뉴를 덧붙여 판매한다. 안창살구이로 고객몰이를 하는 곳은 청국장을 곁들여 궁합을 맞춘다. 하지만 떡갈비로 유명한 집이 소고기나 삼겹살을 끼워 팔지는 않는다. 그렇게 한다고 매출이 늘어나는 것이 아니기 때문이다. 그렇기 때문에 손님들이 부담 없이 시킬 수 있는 사이드 메뉴를 만들 때도 메인 메뉴와의 조화를 반드시 고려해야 한다.

맛집이 되려면 먼저 메뉴를 심플하게 만들어라. 주력해야 할 메뉴와 그것을 받쳐주는 사이드 메뉴 한두 개 정도면 전문음식점 이미지를 만드는 데 충분하다. 그 다음 메인 메뉴의 맛을 제대로 내기 위한 방법을 찾아야 한다. 생태찌개전문점이라면 싱싱한 생태와 시원한 육수에 중점을 두어야 할 것이다. 좋은 생태를 고르기 위해서는 수산시장에 가서 직접 물건을 보고 구입하면서 경험에 의한 '눈썰미'를 키워야 한다. 그 다음으로 시원한 육수맛을 내기 위한 방법을 찾아야 하는데, 이때 반드시 고려해야 하는 점이 바로 위에서 언급했던 두번째 비결 '손쉬운 레시피'이다. '손쉽게 만든다'는 것은 음식의 기본에 충실해야 한다는 것과 같은 의미이다. 각 재료 본연의 특성을 잘 알아야만, 각기 다른 재료로 하나의 음식을 만들었을 때 비로소 조화로운 맛을 낼 수 있기 때문이다.

황교익의 『미각의 제국』을 보면 재료나 음식이 어떤 의미를 가지는지 직접적이고도 구체적으로 강조하고 있는데 돼지갈비에 관한 내용을 읽어 보면 무슨 말인지 바로 알 수 있다.

"돼지갈비의 양념은 간장과 설탕(과 물엿)이 기본이다. 여기에 참기름, 마늘, 양파, 파, 배, 사과 들이 첨가된다. 돼지갈비를 구우면 간장과 설탕이 불에 타면서 내는 향이 제일 강하고 참기름 등의 양념은 부차적인 것이 된다. 간장과 설탕이 불에 타면서 내는 향은 들척지근하면서 찝찌름하다. 간장의 발효향을 극대화하고 여기에 달콤한 향을 더한 것이라 설명할 수 있겠다. 음식에 장류를 흔히 쓰는 한국인에게 이 강렬한 향은 식욕을 참을 수 없게 만든다."

그러면서 저자는 돼지갈비의 향을 돋우기 위하여 캐러멜시럽과 물엿, 설탕으로 범벅된 양념을 쓰는 것이 돼지갈비 특유의 맛을 없애버린다고 개탄하고 있다. 바로 과도하게 양념한 돼지갈비야말로 외식업체의 꼼수, 즉 질이 떨어지는 고기의 맛을 양념으로 버무려 만회하려는 것이고, 이런 얄팍한 장삿속 때문에 제대로 된 돼지갈비맛을 볼 수 있는 기회를 고객들로부터 빼앗는 어리석음을 범하고 있다는 것이다.

다시 그의 주장을 들어보자.

"질 떨어지는 돼지고기일수록 양념은 강해지고 숙성 시간은 길어진다. 신선하고 잡냄새 없는 돼지고기는 흐릿한 간장에 조금의 설탕과

파, 마늘, 참기름, 과일즙 정도 양념을 하여 두어 시간 재워 구워도 맛있다."

대박집의 3대 요소 중 첫번째인 단순한 메뉴는 양질의 식재료로부터 출발하고, 두번째 요소인 손쉬운 레시피는 식재의 특징과 딱 맞아떨어져야만 음식맛을 제대로 낼 수 있다. 이 2가지가 갖춰져야만 마지막 요소인 '정성'이 그 효력을 발휘할 기회를 얻을 수 있다.

인천에 있는 어느 음식점 여사장님은 항상 새벽에 양념을 만든다고 한다. 아침 일찍 일어나 맑은 정신으로 양념에 물 한 바가지 붓는 것도 정성을 들여 붓는다. '우리집에 오시는 손님 한분 한분의 노고를 생각하면 어느 것 하나도 소홀히 할 수 없다'는 사장님의 손끝은 거칠었지만, 마음만은 비단결이었다. 그리고 음식에 대한 경건함은 어느 장인 못지않게 단단했다.

내 음식에 떳떳할 때 손님들은 열광한다

수유리에 있는 '엘림 들깨 수제비'에는 점심시간이 되기도 전에 줄이 서 있다. 비가 억수같이 오는 날에도 우산의 행렬이 알록달록 예쁜 모양을 그리면서 차례를 기다리고 있다. 가게 안으로 들어가면 역시나 자리란 자리는 손님으로 가득 차 있다. 그저 수제비, 칼국수를 파는 집일뿐인데 왜 이렇게 손님들이 많이 오나 싶어서 직접 먹어보기도 하고, 밖에서 식당 상황을 지켜보기도 했다.

"맛있어요. 나는 일주일에 한 번은 꼭 와요."

"무슨 보양식 먹는 기분입니다. 칼국수 한 그릇 먹고 나면 힘이 난다니까요. 허허."

"시골집 같아요. 외갓집에서 먹는 수제비 같은 느낌 있죠? 그래요. 여기 오면."

바쁠 땐 하루 23회도 회전한다는 초대박집에 대한 손님들의 평가다. 얼핏 보면 서울 변두리의 한적한 식당으로밖에 보이지 않지만 실제로는 하루종일 손님으로 가득하다. 과연 이 식당의 비결은 무엇일까? 사실 음식 장사의 비결은 성공한 곳만큼이나 다양하다. 맛이 특별해서 또는 분위기가 좋아서 아니면 서비스에 남다른 뭔가가 있어서 등등 성공의 비결에 특정한 정답이 있는 것은 아니다. 세상을 살아가는 방식이 수십 수백 가지이듯 음식점이 성공하는 비결 역시 다양하다.

엘림은 우선적으로 맛에 대한 평가가 남달라서 성공한 경우라고 볼 수 있지만 사실 가격대비 만족도라는 또 다른 함수가 숨어 있다. 식사 후 자기가 먹은 것은 자기가 계산하는 더치페이 문화가 일상화되고 있다. 아직까지는 돌아가면서 한 사람이 부담하는 경우도 더러 있지만 젊은 고객층으로 갈수록 자기 밥값은 자기가 낸다. 이런 문화가 확산되면서 더불어 나타나는 현상이 음식점을 고르는 기준이 까다로워졌다는 점이다. 상사나 다른 누군가가 대신 식대를 부담할 때는 별생각 없이 따라가 먹고 왔지만, 자기 돈을 내고 먹을 때는 돈이 아깝지 않아야 한다는 생각에 꼼꼼하게 찾아보고 가는 것이다.

내가 지불하는 식사비보다 더 많은 이익을 얻었다고 생각되는 음식점을 찾아가는 것은 알뜰 소비 성향과 다를 바가 없다. 쇼핑을 가더라도 인터넷 검색을 통해 사전 정보를 파악한 다음, 오프라인 매장을 갈지 그냥 온라인 매장에서 주문을 할지 결정할 정도로 요즘 소비자들은 영악하다. 그런 소비자들이 음식점을 선택할 땐 오죽할까? 점점 계산적으로 변해가는 소비자들이 지불하는 음식값에 비해 훨씬 더 많은 만족감을 주는 곳을 찾는 모습을 우리는 '가격대비 만족도가 높은 음식점을 찾아가는 현상'이라고 말한다.

이와 함께 따라오는 소비 행태 중 하나가 음식점을 결정하는 주체가 여성 또는 주부로 바뀌고 있다는 사실이다. 어린이나 남성보다 세심하고 알뜰살뜰한 여성 고객들이 가격대비 만족도가 높은 음식점을 선호하는 경향이 있다. 그리고 음식에 대한 소비자 만족도에 확실히 많은 영향력을 끼친다. 요즘 가족 단위 고객이 자주 방문하는 음식점의 대부분은 주부 고객에 의해 방문 여부가 결정된다. 이것만 봐도 음식 소비 트렌드가 어디로 몰리고 있는지 알 수 있다.

그렇다면 어떻게 해야 가격대비 만족도가 높은 음식을 만들 수 있을까? 게다가 여성 고객들의 깐깐한 눈높이를 맞추면서 수익도 낼 수 있는 비결은 무엇일까?

우선 음식을 만드는 기본에 충실해야 한다. 여성 고객들은 건강을 먼저 생각하고 같이 먹는 사람과의 관계를 우선시하는 경향이 강한 편이다. 음식 자체의 질도 중요하지만 그 음식이 만들어지는 과정과 의미 역시 중요하게 생각한다는 뜻이다. 개인적으로 조미료를 쓰지 않는 것은 기본이라고 생각한다. 조미료를 사용하지 않는 대신 천연 조미료로 양념을 만들고 간을 할 수 있는데, 버섯과 다시마, 멸치, 새우 등 주변에서 쉽게 구할 수 있는 식재료로 양념이나 소스의 베이스를 만들어 쓰는 것은 그리 어려운 일이 아니다.

그 다음으로는 음식의 담음새이다. 나는 눈으로 먹는 것이 70%라고 누차 강조한다. 눈으로 먹는 음식이 되려면 손이 많이 가야 한다. 바로 정성을 들여야 한다는 뜻이다. 고객들 특히 여성 고객들은 손이 많이 간 음식은 바로 알아보고 인정해준다. 자신들 스스로 가정에서 음식을 만들다 보니 손이 많이 가는 음식을 만드는 것이 얼마나 힘든지 잘 알기 때문이다.

덧붙이자면 단품 요리 하나가 탁월한 맛을 내지 못하는 경우에는 메뉴 구성을 세트 메뉴 위주로 해서 판매하는 전략을 쓰면 의외로 큰 반응을 불러일으킬 수 있다. 서양 음식과 달리 한식은 단품보다는 상차림이 중요한 음식이다. 그렇기 때문에 세트 메뉴를 만들고 그에 맞춰 상차림에 조금만 변화를 줘도 전체 메뉴에 신선함을 불어넣을 수 있다. 고깃집이라면 기본으로 나오는 반찬을 담을 때 조금만 신경쓰면 요리처럼 보이게 만들 수 있다. 예를 들면, 그릇은 멜라민보다는 중간 사이즈의 사기 그릇으로 선택하고, 콩나물무침 같은 기본 반찬을 콩나물잡채처럼 보이도록 예쁘게 담아내면 고객의 반응이 바로 달라진다. 횟집이라면 소위 '스끼다시'라고 하는 비슷비슷한 밑반찬들을 위와 같은 방식으로 담아내보자. 물론

손은 더 많이 가겠지만 이 정도 수고로 손님을 끌어모을 수 있다면 해볼 만한 일이 아닌가?

이처럼 가격대비 만족도가 높은 음식을 만들 수 있게 되면 자신감이 생긴다. 이전에는 음식에 자신이 없어 고개도 제대로 들지 못했다면 내 음식에 떳떳해지면서 손님을 대하는 태도 역시 당당해지기 시작하고, 곧 손님을 리드할 수 있게 된다. 이 시기가 바로 고객과 영업주의 관계가 재배치되는 시점이라고 할 수 있다. 밀고 당기기의 주체가 누구냐에 따라 승부가 결정되는 것처럼 고객과의 관계가 안정적이지 않을 때는 제대로 된 관계 설정을 하기 위해 음식으로 승부하는 것이 가장 효과적이다. 손님은 자신이 먹은 음식이 자신의 판단 기준보다 훨씬 가치 있다는 생각이 들면 지속적으로 재방문을 한다. 이것이 바로 단골손님이다. 20%의 단골이 매출의 80%를 책임지는 파레토 법칙은 우리네 밥장사에도 어김없이 적용되기 때문에 단골손님을 만드는 것은 굉장히 중요하다. **엘림**

차별화된 콘셉트가 있는 식당은
절로 입소문이 난다

"안녕하십니까?" "어서 오십시오" "반갑습니다" 어디선가 힘찬 멘트가 들리는데 손님을 맞이하는 이는 보이지 않는다. 가게문을 열고 들어서면 홀 전체가 바로 보이지 않고, 입구에서 왼쪽으로 살짝 들어가야 홀로 통하는 통로가 보이고 각각의 방 입구가 보인다. 거기에서 방 입구로 한 걸음 옮기면 따뜻한 햇살과 온유한 기운이 각 방을 가득 채우고 있음을 확인할 수 있다. 온 가게를 감싸고 있는 따뜻한 기운. 대박식당이라면 당연하다 여겨질 수 있는 식당 안의 활기와 따뜻함은 식사를 하기 전부터 호감을 불러일으킨다. 식당 입지로는 어울리지 않는 위치에 있는 금수저은수저에 찾아가려면 도로변에서도 한참을 들어가 주거 지역의 골목을 돌아서야 비로소 한모퉁이에 자리잡고 있는 이곳을 찾을 수 있다. 그럼에도 많은 사람들이 이곳까지 입소문만으로 찾아온다.

햇살 가득한
식당에 반하다

식당 준비, 이보다 더 철저할 순 없다

퓨전한정식 금수저은수저 대표 김유미, 한기섭 부부는 각자 일을 하면서 음식점을 하겠다는 계획을 가지고 2년 4개월이란 시간을 식당 준비에 매진했다. 보통 6개월에서 1년 정도의 준비 기간을 가지는 것에 비해 오랜 시간 철저하게 준비한 것이다. 처음에는 두 사람이 같이 소상공인진흥원의 창업과정을 1년 동안 다니면서 창업에 대한 교육을 받았다. 이후 1년 동안 한기섭 대표는 다시 소상공인진흥원에서 교육을 받았고, 김유미 대표는 전남대 외식사관학교에 다니며 외식업 전반에 대해 배웠다. 창업 준비와 수업으로 바쁜 와중에도 제일 유명한 식당을 찾아가 실제 현장을 직접 체험하면서 식당일을 몸에 익혀갔다. 일반적으로 잘되는 음식점에서는 어떻게 일하고 어떤 식으로 손님들을 받는지 그 노하우를 눈으로, 몸으로 익히는 시간이었다. 김유미 대표는 음식점을 하려면 생각하고 있는 아이템을 파는 식당에 가서 꼭 일해봐야 한다고 강조한다. 뿐만 아니라 틈틈이 맛집을 찾아다니면서 맛을 보고 벤치마킹하려는 노력도 필수라고 한다.

Q "김유미 대표님께서는 바쁘고 잘되는 식당을 골라 실제로 일을 하면서 일하는 방법을 눈으로 보고, 몸으로 익혔다고 하셨습니다. 구체적으로 어떤 요소들을 참고하셨나요?"

A "주방에서부터 홀, 직원 관리까지 여러 부분들을 참고했어요. 퇴근해서 집으로 오면 손가락 하나 까딱할 수 없을 정도로 피곤했지만 가게에 손님이 오면 일만 보였지요. 일이 겁나지 않았어요. 주방에서는 찬모가 어떤 일을 하고 어떤 식으로 직원 관리를 하는지, 물건을 어떻게 보관하고 관리하는지, 음식이 나갈 때는 어떻게 세팅해서 나가는지를 관찰할 수 있었어요. 음식점에 손님이 많을수록 재미있었지요. 같이 일하는 분들이 저에게 '쟤는 정신이 이상한 것 같다'고 이야기할 정도였지요(웃음).

돌솥밥이 나갈 때 고명을 올리는 일을 했는데 음식은 먹고 싶다는 생각이 들어야 진짜 음식이라고 생각했어요. 내가 요리한 음식이 아니더라도 고명을 올리면서 '이 음식은 내가 만든 음식이 되는 것이다' 하는 마음으로 고명을 푸짐하고 소복하게 올렸어요. 손님들이 뚜껑을 열었을 때 '우와, 정말 많다' '맛있겠다' 같은 반응을 하면 정말 뿌듯했어요. 그래서 그곳 사장님과 직원들이 제가 너무 손이 크다며 직접 가게를 오픈하면 지금처럼 많이 퍼주는지 어떻게 하나 보자 그랬어요. 손이 너무 커서. 나중에 실제로 오픈했을 때 다들 와서 보고는 '여전히 손 크구나' 하고 인정하고 가셨지요(웃음).

그 사장님 마인드가 항상 공부하고, 벤치마킹 부지런히 다니고 그러다가 좋은 것을 보면 업그레이드해서 손님들에게 줘야 한다는 거였어요. 지금 우리가 음식점을 운영하는 마인드나 태도를 그 사장님께 많이 배웠지요. 직원 관리도 그 집처럼 해야겠다고 마음먹었는데 사실 직원들 월급이 많은 것은 아니었어요. 그렇다고 직원들에게 맛있는 음식을 해 먹이는 것도 아니었지요. 그런데 정말 열심히 일하는 직원의 어려운 형편 이야기를 듣자 거금 2천만 원을 바로 빌려주시더군요. 그 직원은 딸과 지체 장애가 있는 아들이 있었는데 갑자기 집주인이 전세금을 올려서 급하게 돈이 필요했어요. 그렇게 목돈을 직원에게 투자할 수 있는 사람이 얼마나 될까? 나도 나중에 직원들에게 저렇게 해야겠다고 생각했어요.

한번은 음식이 조금 잘못된 상태로 손님에게 나간 적이 있었어요. 홀에서 사장이 돌려보냈는데 주방에서 이 정도면 괜찮다고 적당히 무마할 수 있는 정도였어요. 그런데 예상외로 주방에서 음식을 완벽하게 새로 만들어서 나가는 것을 보고 많이 배웠어요. 시간이 걸리더라도 손님들에게 완벽한 음식을 제공하기 위해 미리 설명하고 그 음식을 기다리는 동안 다른 서비스를 제공하면서 손님을 만족시키는 것을 보고 손님을 어떻게 대해야 하는지 알 수 있었죠."

음식점을 하려면 먼저 사장이 즐거워야 한다. 금수저은수저를 시작하기 전에 두 사람은 식당과는 전혀 관련 없는 일을 하고 있었다. 한기섭 대표는 평범한 회사원이었고, 김유미 대표는 큰 준비 없이 가게문만 열면 바로 할 수 있는 일을 찾다가 옷가게를 시작했다. 그러나 실제로 옷가게를 해보니 생각지 못한 어려움이 많았다. 그리고 무엇보다도 김유미 대표는 직접 무언가 만드는 일이 하고 싶었다.

그래서 예전에 했던 일을 돌이켜보면서 아이템을 생각하다보니, 4년 동안 분식점을 한 기억이 떠올랐다. 손님들에게 좋은 음식을 직접 만들어 제공하면서 조금이라도 더 챙겨주려고 3명이 오면 밥 하나는 서비스로 주는 등 나름 성공적으로 운영했던 기억이 났다. 그래서 다시 가볍고 즐거운 마음으로 식당을 준비하기 시작했다. 컨설턴트의 도움을 받아 광주라는 지역적 특성을 고려하여 식당 콘셉트를 퓨전한정식으로 정했다. 그렇게 메뉴, 콘셉트, 장소, 타깃 고객까지 철저하게 준비하고 가게 인테리어 공사를 시작했다. 그러나 이론과 현실은 다르다고 시작부터 여유롭지 못했던 자금 문제와 그외 생각지 못했던 어려움이 발생하면서 중압감이 밀려오기 시작했다.

음식점 창업시 가게 위치가 워낙 외진 곳에 있어서 보증금과 월세는 부담이 덜 되었지만 비어 있던 건물에 정확한 도면이나, 상세 계획 없이 인테리어 공사를 시작해서 진행 도중 여러 어려움을 겪어야만 했다. 하지만 인테리어에 들이는 공을 포기할 수는 없었다. 방마다 테이블카트가 뒤쪽까지 들어갈 수 있도록 설계했고, 조명 역시 테이블에 직접 떨어지도록 계획했다. 곳곳에 내부 구조물이 노출되는 부분은 일일이 나무를 입혀서 따뜻한 느낌을 살렸다. 내부 구역 공사를 끝내고 보니 기둥 사이 공간이 어색하게 남아 있어서 추가로 유리창을 끼우고 창호지와 창살을 끼우는 등 여러 차례 변경 공사를 했다. 조금이라도 이상하거나 맘에 들지 않으면 공사를 다시 하다보니 인테리어 공사비용에 원래 계획했던 금액의 2배나 들어버렸다. 결국 어렵게 은행대출을 받고, 형제들에게 돈을 빌려 공사를 마무리 지을 수 있었다.

여유 자본금이 부족한 상태에서 가게를 오픈하니 모든 것에 소극적이 되었고, 시작하면서 가졌던 원대한 포부도 많이 수그러들었다. 하지만 그렇다고 아무것도 안 하고 있을 수는 없었다. 최대한 비용을 줄이기 위해 카운터를 가게 내부로 옮겨 직원 중 누구든 일하면서 계산할 수 있도록 했다. 한 사람의 인건비를 줄이기 위한 방법이었다. 뿐만 아니라 한기섭 대표가 직접 새벽시장에 나가 양질의 재료를 적정 가격에 구입함으로써 재료비와 운송비 등 눈에 보이지 않는 경비를 줄여나갔다.

햇살이 빛나는 금수저은수저

금수저은수저에 처음 찾아오는 손님은 대부분 길을 헤맨다. 상가 지역이 아닌 주거지 뒷골목에 위치해 있다보니 찾아오겠다는 생각을 갖고 오지 않으면 좀처럼 찾기 힘들기 때문이다. 워낙 외진 곳이라 오픈 초기에 소상공인창업지원센터에서 나온 컨설턴트가 입지 점수를 매겼는데 100점 만점에 45점이 나올 정도로 열악한 환경이었다. 지금이야 주변에 원룸이나 건물들이 생겨 제법 사람들이 다니지만, 처음 오픈했을 당시 주변은 다른 건물이 거의 없는 허허벌판이었다.

그렇다면 왜 굳이 이곳에 금수저은수저를 열었을까? 식당을 하기 위해 여러 곳의 가게를 둘러보던 중 한 부동산 중개소에서 추천한 곳이었는데, 사실 그 부동산 중개소도 마지못해 비어 있던 이 가게를 권했던 것이었다. 그러나 이 건물에 처음 들어섰을 때 김유미 대표는 단번에 '바로 여기에 내 식당을 해야겠다'고 마음먹었다. 그 정도로 마음에 쏙 들었기 때문이다. 준비한 자본금과도 맞아떨어졌고, 주변에 넓은 공간이 있어 따로 비용을 들여 주차장을 만들 필요도 없었다. 그리고 무엇보다 격자무늬 창을 통해 햇살이 한가득 들어오는 첫인상에 반해 '바로 여기다' 싶었다.

그 당시 워낙 외진 곳에 위치한 건물이다보니 세가 잘 나가지 않아 김유미, 한기섭 대표 외에는 건물을 보러 오는 사람도 없었다. 그러나 김유미 대표는 가게를 보고 간 사이 다른 사람이 혹시라도 먼저 계약할까봐 이튿날 약속한 시간보다 일찍 도착해 건물 주인을 기다렸다가 계약을 했다. 지금은 금수저은수저의 고정 고객이 되었지만 그때 이 건물을 중개해 준 부동산에서는 당시 부부를 이상하게 생각했었다고 한다.

지금도 금수저은수저의 창 쪽에 위치한 방 안에 들어서면 햇살이 찬란하다. 격자무늬 창문을 통해 쏟아져들어오는 햇살이 대박식당의 시작을 알리는 서막이었는지도 모르겠다. 오픈 초기 부족한 자금의 압박 속에서도 희망을 주었던 찬란한 햇살은 지금도 큰 힘이 되고 있다고 한다.

초창기에는 이곳을 찾아오는 손님들이 많이 힘들어했다. 가까이에 있는 초등학교 정문을 기준으로 설명을 해도 학교마저 신설학교이다보니 위치를 몰라 많이 헤맸다. 신창동이라는 지역 자체가 생긴 지 5년밖에 안되었고, 금수저은수저가 생긴 지도 4년밖에 안되었기 때문이다. 여전히 신창동이라는 동 자체를 모르는 사람들이 있을 정도다. 하지만 이제는 금수저은수저가 햇살 가득한 아름다운 가게로, 또 맛있는 퓨전한정식집으로 입소문이 나서 손님들이 찾기가 훨씬 수월해졌다. 심지어 '찻집 같다' '카페에 들어가는 느낌의 한정식집이다'라는 이야기도 많이 듣고 있다. 실제로 초창기에는 진짜 카페로 오해하고 방문하는 손님들도 많았고, 그런 손님에게 한기섭 대표는 자판기 커피를 한 잔씩 권하기도 했다. 이렇게 장사가 잘 안되었던 초창기 시절에 그래도 희망을 가졌던 이유는 한번 찾아 온 손님들은 꼭 다른 손님들을 데리고 왔기 때문이다. 근방에 주차장으로 사용할 수 있는 넓은 공간이 있어 사람들이 많이 오는 것에 대한 걱정은 없었지만, 너무 외진 곳에 위치해 있다는 것이 걱정이었다. 단체 손님들이 가게를 너무 힘들게 찾아서 주최자에게 누가 이런 촌구석에 모임 장소를 잡아서 이렇게 고생을 하게 만드냐며 같이 있는 다른 사람들이 무안해질 정도로 주최자에게 불평을 쏟아놓는 경우도 있었기 때문이다. 하지만 음식을 먹고 나갈 때 불평 한마디 없이 명함을 챙겨가는 모습, 그렇게 손님 한 사람 한 사람이 금수저은수저를 알아가는 모습에 큰 힘을 얻었다.

Q "음식점 입지로 적합하지 않았던 현재의 위치가 금수저은수저만의 차별화된 콘셉트 중 가장 큰 요소가 된 것 같습니다. 지금 그 당시로 돌아간다면 어떤 선택을 하실 것 같습니까?"

A "그 당시에는 모든 입지가 좋아 보였습니다. 그러나 가지고 있던 자금과 맞는 곳을 찾다보니 수없이 많은 부동산을 돌아다니게 되었지요. 일단 이곳은 자금 부분에서 우리랑 맞았고, 건물 모양도 예뻤어요. 격자무늬 창살이 정말 멋져 보였지요. 주변에 주차 공간도 많아서 손님들이 찾아왔을 때 따로 주차 공간을 걱정할 필요도 없겠다 싶었습니다.

여기에 음식점 공사를 하고 있다고 주변 사람들에게 이야기하니까 다들 걱정하면서 왔다갔었어요. 99%가 '더 돈 잃기 전에 해약해라' '하지 마라' 했는데 우리 부부만 좋다고 했어요. 사람들이 말을 해도 먹히지 않는다고 그렇게 표현했던 것 같아요.

지나고 보니 선택을 잘했다고 생각해요. 손님이 갑자기 많아진 것이 아니라 서서히 많아졌기 때문에 주차 공간이 많고, 월 보증금도 저렴한 이곳이 적합하더라고요.

만약 이곳이 아니라 상가 지역의 먹자골목에 들어갔다면, 월 보증금도 비싸고 주차할 곳도 없어서 별도로 주차장을 구입해야 했을 거예요. 아마 주차 공간이 부족해 늘 신경을 써야 했겠지요. 저희는 서서히 손님이 늘어났으니 딱 이 장소가 맞는 것이죠. 불리한 조건을 불리하다고 생각한 것이 아니라 긍정적으로 생각하고 '성공한다' '잘될 것이다' 생각하니 정말 생각하는 대로 됐어요. 물론 지내고 보니 안 좋은 점도 있긴 해요. 가게 옆면까지 창으로 되어 있어서 여름에는 냉방비, 겨울에는 난방비가 조금 많이 들거든요(웃음)."

모든 것을 이겨내는 긍정의 힘

햇살 가득한 금수저은수저는 오픈 3개월 이후 2009년 1월 1일부터 하루 20~30만 원 정도의 매출만 나오는 날이 계속되었다. 직원들 인건비도 벌지 못하면 어떻게 할까 싶을 정도로 어려운 상황이었다. 2년 4개월이란 오랜 시간 동안 교육을 받고, 강의를 듣고, 실제 식당에서 일을 하고, 컨설팅까지 받아가며 오픈했지만 막상 손님이 없으니 어떻게 해야 할지 방법을 몰랐다.

오픈 당시 남도한정식이란 메뉴를 정하고 서울의 유명한 가마솥밥 한정식 메뉴를 그대로 벤치마킹했다. 컨설팅을 처음 받았을 때 하나부터 열까지 모든 것을 상담받고 그대로 오픈했다. 그런데 막상 오픈하고 나니 컨설팅받을 당시에는 알아채지 못했던 마음에 들지 않는 부분이 있었다. '누구나 먹을 수 있는 한정식집'이라는 콘셉트만 정한 상태에서 실제로 오픈하고 보니 메뉴가 마음에 들지 않았던 것이다. 무엇보다도 가마솥밥은 아주 맛있었지만 금수저은수저의 식당 구조가 각각의 방으로 되어 있어서 2월인 한겨울에도 손님들은 땀을 뻘뻘 흘리며 식사를 했다. 그렇다면 여름에는 어떻게 될까? 생각만 해도 진땀이 났다. 결국 가마솥밥은 중단하기로 결정했다. 메뉴 실패 경험을 통해 깨우친 것은 벤치마킹할 때는 더 낫게 하지 못한다면 똑같이라도 해야 한다는 것이었다. 실제로 내 상차림이 벤치마킹의 대상이 된 차림보다 못하니 마음에 차지 않았고, 자연스럽게 상차림에 자신감이 떨어지면서 손님들도 자신 있게 대할 수 없었다. 그래서 컨설턴트에게 메인 메뉴만 똑같이 할 수 있도록 고쳐주면, 사이드 메뉴는 스스로 고쳐나가겠다고 했으나 컨설턴트 측에서 끝까지 대응을 해주지 않아 마음을 졸이는 날이 계속 되었다.

하루종일 가게 앞을 지켜봐도 지나다니는 사람들이 고작 5명밖에 안 되는 날도 있었다. 겨울에 눈까지 오면 인적이 아예 끊기기도 했다. 날씨는 춥고, 손님도 없으니 출근한 직원들은 잠을 잤다. 두 대표는 애타는 속내를 내보일 수 없어서 직원들이 자는 동안 빈 그릇을 가져다 종이에

메뉴 이름을 써넣고 상차림을 상상으로 구상하곤 했다. 힘든 상황이었지만 이러한 노력은 끝내 결실을 가져다주었다. 한번 오신 손님들이 음식의 차림새를 칭찬해주었고, 다른 분을 모시고 찾아주기도 했다. 이렇게 가능성을 발견하니 기쁜 마음에 더 열심히 노력했다.

이대로 망하나 한번 더 노력해보고 망하나 다를 것이 없다는 생각에 신용보증재단에서 대출을 받았다. 그리고 김유미 대표가 강의를 통해 우연히 알게 된 컨설턴트를 찾아갔다. 처음에 컨설턴트는 금수저은수저 입지만 보고 이 입지라면 단가를 더 낮춰야 한다며 컨설팅을 거절했다. 하지만 삼고초려 끝에 메뉴를 전수해주었고 2개월 동안 전체 메뉴를 바꾸는 작업을 했다. 같은 남도한정식이지만 예전 차림보다 가짓수를 줄이고

그 대신 작은 그릇에 나오는 반찬 위주의 느낌이 아니라 요리처럼 보이도록 세팅을 바꿨다. 그릇에 따라 찬이 되기도 하고, 요리가 되기도 한다는 것을 두번째 컨설턴트에게서 배웠다. 그리고 생각 없이 음식을 올리는 것과 의도를 가지고 세팅해서 올리는 것은 천지 차이라는 것도 알게 되었다. 두 대표는 손님들의 반응을 기다리는 시간이 힘들었지만 안된다는 생각은 한번도 하지 않았다. 이 생각은 지금까지도 변함이 없다. 아무리 힘든 일이 와도 부정적인 생각보다는 긍정적인 생각을 한다. 오픈하고 매출이 거의 없을 때도 정말 힘들었지만 앞날에 대한 걱정보다는 현재 해야할 일, 앞으로 해나가야 할 일에 대해 고민했다.

김유미, 한기섭 대표는 금수저은수저와 직원들을 손님들에게 자랑하고 싶다. 그래서 금수저은수저라는 상호가 갖고 있는 여러 의미와 따뜻함을 전달하는데 힘쓰고 있다. 심지어 인테리어 구조상 단점으로 여겨지는 가게 뒤편에 위치한 카운터도 장점으로 승화시킨다. 손님들이 계산하고 나가면서 카운터가 뒤에 있어 어색하다고 하면, 한기섭 대표는 손님들에게 주방의 청결 상태와 주방에서 일하는 직원들 표정을 한번 보시라고 이야기한다. 조금 불리한 상황도 긍정적으로 해석해서 이야기하면 손님들도 웃으면서 주방을 보고 나간다. 작은 규모의 식당이기에 여러모로 불편한 부분들을 늘 이야깃거리로 만들어 손님들에게 좋은 기억으로 남게 하는 것이다.

또 단골손님 중에서 한 직원이 올 때마다 불친절하다며 김유미 대표에게 불만을 이야기한 적이 있다. 그때 김유미 대표는 "얼굴도 예쁘고 마음씨도 착한데 말투가 투박해서 가끔 그런 불편이 있네요. 조금 더 만나보시면 좋은 점이 많음을 알게 되실 거예요. 요즘 사람 구하기도 어려운데 일해주는 것만으로도 저는 고마워요"라며 고객의 불만을 일단 말로 다독인 후, 그 불만을 금수저은수저 밖으로 가져가지 않고 식당 내에서 해소하고 나갈 수 있도록 더 극진히 서비스했다. 고객이 불만을 이야기하는 상황에서도 긍정적인 이야기로 고객의 마음을 돌릴 수 있는 것은 김유미, 한기섭 대표가 가지고 있는 긍정적인 면모가 유감없이 발휘된 결과라할 수 있다.

사장님,
스토리텔러Storyteller가 되다

음식보다 더 맛있는 음식 이야기

김유미, 한기섭 두 대표는 금수저은수저를 찾아오는 손님들에게 무한한 감사의 마음을 가진다. 구석진 곳에 위치하였음에도 불구하고 찾아주신 것이기 때문이다. 그래서 초창기에 손님들이 식사하러 오면 방문해주신 고마움에 옆에 앉아서 금수저은수저에 대한 여러 가지 이야기를 해드렸다. 처음 금수저은수저를 시작하게 된 이야기, 이곳에 가게를 낸 이유, 금수저은수저라는 이름의 유래부터 어떤 메뉴가 우리 몸을 어떻게 건강하게 해주는지에 대한 이야기까지 손님이 듣고 직접 금수저은수저에 대해 다른 이들에게 설명할 수 있을 만큼 재미있게 이야기를 했다.

한번 이야기를 들은 손님은 그 기억을 살려내 다른 사람에게 금수저 은수저를 설명했고, 자연스럽게 금수저은수저에 대한 자세한 정보가 입소문을 통해 사람들에게 퍼지게 되었다.

또 상차림이 나왔을 때 김유미 대표는 손님들에게 어떤 느낌이 드는지 구체적으로 물어본다. 손님들이 갑작스러운 질문에 대답하지 못하는 경우에는 '친정 엄마랑 같이 오고 싶은 기분이다' '다음 달에 모임 있을 때 또 오고 싶은 기분이다' '애기들이랑 같이 오고 싶다'와 같은 예시를 들어준다. 이렇게 손님들이 자신의 의견을 말하다보면 금수저은수저에 대한 생각과 느낌이 머릿속에 각인되고 기억에 오래 남는다고 한다.

비슷한 예를 들면, 미나리냉채를 상에 놓으면서 "유자소스로 만든 미나리냉채입니다"라고 하면 처음에는 음식을 먹느라 잘 듣지 못한다. 그런데 사이드 메뉴 상황을 살피러 올 때 다시 한번 "이거 왜 안 드셨어요? 우리 친정 완도 유자효소로 만든 냉채예요." 이렇게 말하면 한 사람은 젓가락을 들고 먹어본다. 그때 손님의 표정을 살폈다가 "입속에 봄이 온 것 같죠"라고 하면서 손님의 기분을 대신 표현해준다. 그러면 그 손님들이 다음에 왔을 때 같이 온 사람에게 똑같이 설명한다. "입속에 봄이 온 것 같지 않냐"고.

꽃게 요리는 보통 껍질 때문에 먹기가 번거로워서 손님들이 먹지 않는 경우가 많다. 역시 사이드 메뉴 상황을 살피러 다시 테이블에 들렀을 때 "손님, 이 연세에 키토산이 제일 많은 이 꽃게를 왜 안 드세요? 껍질까지 꼭꼭 씹어 드시면 진짜 몸에 좋습니다." 이렇게 얘기하면 손님들은 꽃게를 집어든다.

사람들은 자신이 주로 먹던 음식만 먹는 경향이 있기 때문에 손님들이 손을 대지 않는 음식이 보이면 그 음식에 대해 알 수 있도록 설명을 해준다. 어떤 재료로 만들었고, 우리 몸 어디에 좋은지 설명을 하면 한번이라도 음식을 먹는다.

손님들은 음식만 먹는 것이 아니라 김유미 대표에게 메시지를 전달받는 것이다. 그리고 자신들이 들은 정보를 바탕으로 다른 사람들에게 금수저은수저를 소개하면서 자연스럽게 어떤 음식을 하는 곳이고, 그 음식이 어디에 좋은지까지 전하게 된다. 바로 이런 전략으로 손님들 사이에서 입소문이 나기 시작했다. 전단지 같은 광고 매체를 통하지 않고 고객들에게 직접 가게와 음식에 대한 이야기를 전달하니 금수저은수저에 대한 정확한 정보가 다른 이들에게 퍼진 것이다. 그렇게 시간이 지나면서 점점 좋은 음식을 파는, 친절한 직원들이 열심히 일하는 식당으로 알려지게 되었다. 근처 신창초등학교를 시작으로 선생님들 사이에 소문이 나면서 회식이나 모임 장소로 자주 이용되었고, 방문했던 분들이 가족들을 데리고 재방문을 하면서부터 새로운 지역에서 오는 고객, 즉 3차 상권의 고객 방문이 이뤄졌다.

본격적으로 금수저은수저가 대박식당으로 성장하게 된 계기는 입소문 손님들의 재방문이 서서히 시작될 때 지역의 대형 마트와 연계해서 기획한 3+1 행사 덕분이었다. 처음엔 가게 위치를 알리기 위한 목적으로 한 달 동안만 진행했는데 결과는 대성공이었다. 처음 배포할 때는 쿠폰이 3~4일에 1장 정도 회수됐고, 쿠폰을 내는 손님들 분위기도 '쿠폰을 받아서 한번 와본' 것처럼 가벼웠다. 그런데 한 달이 지나니 손님들 지갑 안에 쿠폰이 여러 장 들어 있는 것을 확인할 수 있었다. 손님들이 쿠폰을 모으기 시작한 것이다. 이것은 손님들이 계속해서 금수저은수저를 방문할 생각이 있다는 것이었다. 그렇게 한 달 동안 총 1,200장의 쿠폰이 들어오면서부터 손님들이 늘기 시작했다. 오는 손님들에게 지속적으로 음식과 가게에 대한 설명을 하니 입소문이 나도 그냥 나는 것이 아니라 금수저은수저에 대한 자세하고 정확한 정보가 퍼졌다. 입소문을 듣고 이야기 자체에 흥미를 갖고 오는 손님들도 많았다. 심지어 쿠폰 행사 기간이 끝난 후, 유효기간이 6개월이나 지난 쿠폰을 가지고 오는 손님들이 있을 정도였다.

이처럼 금수저은수저는 손님들이 입소문을 낼 수 있는 스토리를 직접 만들어서 성공했다. 사람들은 음식이 아무리 맛있어도 그 맛에 대한 정확한 표현을 잘하지 못하는 경우가 많다. 다른 사람에게 식당을 추천할 때 '잘하는 집' '괜찮은 맛집' 정도로 표현하는 것이 일반적이다. 그런데 금수저은수저는 손님에게 가게 입지와 가게 이름에 대한 사연부터 음식 소개까지 구체적으로 표현해주니 손님들의 기억에 남는 것이다. 심지어 손님이 맛있다고 느껴도 말로는 표현하지 못하는 '바로 그 맛'을 대신 이야기해주니 손님들은 그 메시지를 듣고 본인도 모르는 사이 금수저은수저의 영업사원이 되어 입소문을 내기 시작하는 것이다.

사실 손님들이 입소문을 내는 이유는 기본적으로 금수저은수저에 대한 '믿음'이 있어서이다. 금수저은수저에서 직접 정한 '4가지 실천'을 4년 동안 꾸준히 지키는 모습 그리고 생색과 홍보만을 위한 기부가 아니라 진심을 담은 기부를 하는 모습을 보고 손님들은 자발적으로 금수저은수저를 칭찬하게 되었다. 직접 방문했던 사람의 칭찬을 들은 사람들은 자연스럽게 금수저은수저에 대한 믿음을 가지고 식당을 방문한다.

금수저은수저가 드리는 4가지 실천
하나, 우리집은 자연 조미료를 사용합니다.
둘, 우리집은 바로 만든 요리를 제공합니다.
셋, 우리집은 매월 2종의 신메뉴를 개발합니다.
넷, 고객님의 사랑 나눔에 함께 합니다.

입에서 입으로 전해 내려오는 민담이 있는 가게

손님들의 입소문에는 금수저은수저의 스토리가 곳곳에 녹아 있다. 먼저 상호부터 이야기하면 기억하기도 부르기도 쉬운 '금수저은수저'란 이름은 식당 이름을 고민하던 한기섭 대표가 우연히 책을 보다 발견한 것이다. '임금님 수라상에는 금수저은수저가 오르고'라는 문구를 보았는데, 운명적으로 '금수저은수저'란 단어가 눈에 들어왔다. 그리고 당시 생각해둔 담쟁이, 두레박, 대청마루 등 몇 개의 이름과 함께 투표를 했다. 주변의 친구, 지인 등 아는 사람들에게 문자를 보냈는데 금수저은수저가 압도적으로 많은 표를 받았다. 그렇게 '금수저은수저'라는 가게 이름이 탄생했고, 상표등록을 해서 저작권법으로 보호받고 있다.

금수저은수저의 방에 들어서면 방마다 이름이 있는 것을 확인할 수 있는데 이 또한 손님들의 참여를 유도하는 요소이다. 각 방의 이름은 한기섭 대표를 포함한 사위 6명의 성을 땄다. 신기하게도 6명 사위의 성이 한서방, 조서방, 신서방, 민서방, 김서방, 지서방으로 모두 달랐다. 왕서방도 있는데 이는 방이 크다는 의미에서 일부러 왕서방이라고 붙였다. 이렇게 재미있는 방이름 덕분에 손님들은 예약할 때 본인의 성을 따서 "내가 신서방이니까 '신서방'으로 예약하겠다"고 말한다.

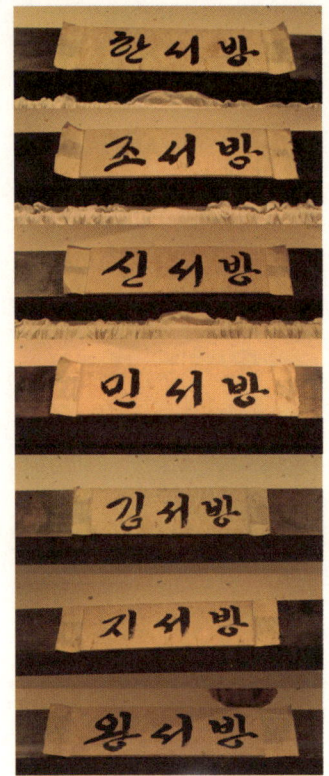

금수저은수저에 대한 재미있는 일화는 여기서 끝이 아니다. 식당 건물에 대한 재미있는 일화도 있는데 이전 건물주가 전해준 이야기다.

전(前) 건물 주인의 아내는 신앙이 두터워 매일 새벽 기도를 나갔는데, 그날도 어김없이 새벽 기도를 마치고 집으로 향하는 길에 금수저은수저가 불길에 휩싸여 있는 환영을 봤다고 한다. 너무 무섭고 두려워서 다시 성당으로 돌아가 놀란 마음에 신부님께 그 이야기를 했더니 신부님은 그곳이 어떤 곳이고, 누가 사는지 물으셨다고 한다. 식당이라고 대답하니 웃으시면서 '그 건물에 복이 있고, 1층 식당이 매우 잘될 것인가보다'라고 말씀하셨다고 한다. 그때는 금수저은수저가 입소문나기 전이라 손님이 별로 없을 때였다. 게다가 입지도 구석진데 오픈하고 장사까지 안되서 어려움을 겪고 있던 터라 당시에는 그 이야기를 듣고도 어리둥절했었다.

또 한번은 교수라는 사람이 갑자기 수맥 탐지기를 가지고 가게 내부를 왔다갔다한 적이 있다. 처음에는 이상한 손님이라고만 생각했는데 '민서방'으로 들어가서는 거기 앉겠다고 했다. 그러고는 "주인이요? 내가 수맥을 탐지했는데 이 집 터가 참 좋습니다. 이 방은 화가 없는 방입니다."라고 말하는 것이 아닌가. 한기섭 대표는 왠지 그 말이 잊혀지지 않았다. 그래서 상견례 예약이 들어오면 동시에 2~3팀이 겹치지 않는 한 '민서방'으로 배치했다. 그리고 그 방에서 상견례한 가족들이 처음에는 어느 한쪽이든 싫은 표정으로 들어가더라도 막상 나올 때는 다들 날짜를 잡고 웃으면서 나오는 것을 확인할 수 있었다. 그래서 이것도 하나의 스토리로 만들어 손님들이 찾아오면 '이 방은 온화하고 화가 없는 방, 아름다운 방이다'라고 설명을 했더니 손님들도 '민서방'을 찾기 시작했다.

한기섭 대표는 '민서방'에 대한 근거로 본인의 체험담을 이야기하기도 한다. 평소 잔병치레를 하지 않는 체질인데 언젠가 감기몸살에 걸려 심하게 아팠던 적이 있다. 그때 '민서방'에 잠깐 누워 있었는데 직원들은 그 사실을 모르고 전부 퇴근을 했고, 한기섭 대표는 새벽 2시가 되어서야 잠에서 깨어났다. 그런데 '민서방'에서 쉬어서인지는 모르겠지만 심하게 아팠던 몸이 그렇게 개운할 수가 없었다고 한다.

이런 이야기들은 금수저은수저만의 '민담'과도 같다. 처음 식당을 시작했을 때 불리했던 입지 조건이 사실은 금수저은수저를 대박식당으로 만들어 줄 필연적인 요소였다는 것이 재미있는 옛날이야기처럼 손님들의 기억 속에 남는 것이다.

이렇게 소소한 이야기가 모여서 지금의 금수저은수저 콘셉트가 만들어졌다. 가게 이름, 방이름에서 모두 금수저은수저의 색깔을 확실하게 느낄 수 있는 것도 이런 스토리텔링 덕분이다. 뿐만 아니라 3+1 행사 이후 다른 마케팅활동을 하기보다는 한 달에 한 번씩 하루 매출액의 50%를 지역사회에 기부하면서 나눔을 실천하는 데 앞장섰다. 이런 모습이 신문, 일간지, 독자 투고 및 관련 사보를 통해 소개되면서 금수저은수저는 더욱 유명해지게 되었다. 이에 김유미 대표는 한 가지에 모든 것을 쏟아부으면 반드시 해답을 얻을 수 있다고 말한다.

손님 2명은 200명

한기섭 대표는 손님 2명은 손님 200명과 같다는 생각을 가지고 손님을 대한다. 금수저은수저가 대박식당이 될 수 있었던 것도 2명의 손님에서 시작된 긍정적인 입소문 때문이었다. 그래서 방문하는 손님 한 사람 한 사람 모두 귀하게 여기며 최대한 베풀 수 있는 부분을 찾는다.

눈인사를 나누는 손님들은 한기섭 대표에게 이 많은 돈을 벌어서 어디에 쓰냐는 질문을 던지기도 한다. 농담처럼 던지는 질문이지만 한기섭 대표는 덕담하듯 성심성의껏 답한다. 본인이 이전에 직장생활을 할 때 받았던 평균 직장인 월급의 3배만큼만 벌고 나머지는 기부한다고. 또 앞으로는 더 나은 직원복지와 지역사회를 위한 기부 계획도 세우고 있다고 한다.

뿐만 아니라 금수저은수저를 하면서 많은 이익을 남기겠다는 생각보다는 최대한 손님들에게 베풀자는 마음으로 더 좋은 재료를 사용하여 더 건강한 요리를 만들기 위해 노력했다. 실제로 평균 12%의 이익을 남기는데 물가가 올랐거나 장사가 잘되지 않을 때는 8%까지 이익률을 낮춘다. 이익이 줄더라도 손님들의 만족도는 떨어지지 않도록 재료는 오히려 더 좋은 것을 사용한다. 그러면 지금 당장 이익은 좀 덜 보더라도 손님들은 금수저은수저에 크게 만족하고 나중에 다시 찾는다. 결국엔 더 큰 이익이 되어 돌아오는 것이다.

그래서 처음에는 비록 남는 것이 없더라도 손님들과의 신뢰를 쌓는 것이 먼저다. 손님 1명은 숫자 그대로 1명이 아니라 100명이라는 마음가짐으로 신뢰를 쌓다보면 자연스럽게 이익은 확보되는 것이다. 그렇기 때문에 꼭 얼마만큼 남기겠다는 생각으로 장사를 하면 안된다. 이것은 찾아오는 사람들에게 하나라도 더 챙겨주려는 금수저은수저의 마음이 더 많은 손님들을 불러온 것만 봐도 알 수 있다. 고객의 믿음이 있었기 때문에 금수저은수저는 물가 상승 등의 환경 변화 속에서도 오픈 후 지금까지 단 한번의 가격 변동 없이 영업할 수 있었다.

손님들의 부주의로 신발이 바뀌면 한기섭 대표가 직접 수소문하여 가게문 열기 전에 고객의 집까지 가져다준다. 그러면 그 손님은 그 일을 잊지 못하고 고마워하며 식당을 다시 찾는다.

금수저은수저에서 손님들에게 서비스로 투자하는 비용은 월 100만 원이 넘는다. 음료수나 일품 서비스 같은 것들이 하나, 둘 쌓이면 그 정도 금액이 되는데, 이런 인심 때문인지 광주 시내는 물론이고 인근 지방, 먼 지방에서 찾아오는 손님들도 많다. 하지만 한기섭 대표의 말을 들어보니 이것은 약과였다. 왜냐하면 두바이에 계신 분이 가게에 왔을 때 자리가 없어서 음식을 못 먹고 돌아갔다며 두바이에서 직접 예약 전화가 걸려온 일도 있었기 때문이다. 손님들이 이렇게 멀리서 어렵게 찾아오기 때문에 감사한 마음으로 음료수 한 병, 음식 한 접시라도 더 나은 서비스를 하려고 노력한다는 것이다. 손님들도 농담반 진담반으로 금수저은수저가 바빠서 좋다는 말도 한다. 그러면서 광주에서 괜찮은 음식점하면 바로 금수저은수저가 떠오른다고 한다. 외국에 유학 간 지인들이 와서 함께 식사를 해야 하거나, 광주에 손님이 와서 대접해야 할 때 점심, 저녁 모두 와서 식사를 하고 가는 경우도 있다. 이럴 때 김유미, 한기섭 대표는 큰 보람을 느낀다.

한기섭 대표는 오픈 초창기에는 손님을 가려서 받기도 했다. 매출에 대한 욕심으로 식당에 오는 손님들을 무조건 다 받는 것이 아니라 기분 좋게 와서 식사를 할 수 있는 손님들로 식당을 채우고 싶었다. 왜냐하면 기분좋게 온 손님들은 직원들의 작은 실수나 불편함이 있더라도 웃으면서 너그럽게 이해해주지만, 화가 나거나 마음이 상해서 온 손님들은 작은 실수도 그냥 넘어가지 않기 때문이다. 이것은 식당 분위기를 최대한 즐겁게 유지하기 위한 방편이었다.

그리고 좋은 손님들과 통하는 느낌이 들면 한기섭 대표는 손님이라기보다 잘 아는 지인처럼 대한다. 그렇게 손님과 대표 사이라는 격이 없어지면서 금수저은수저만의 편안한 접객 서비스가 나오는 것이다. 한기섭 대표보다 나이 많은 손님들에게는 "누님 오셨어요?"라고 친근하게 묻기도 하고, 젊은 사람들에게는 농담처럼 반말도 건넨다. 말 한마디로 사람 사이에 거리감을 없애버리니 손님들은 "사장님 알아서 주세요"라며 믿고 맡긴다. 비록 깊은 이야기를 나누지 않았더라도 한두 마디라도 편하게 이야기한 사람들은 반드시 식당을 다시 찾는다. 이래서 음식점 대표는 너무 무뚝뚝하거나 격식을 차리면 손님들이 불편해한다는 말이 있다. 말 붙이기 쉽고, 대하기 편한 사람을 자주 찾게 되는 것은 당연한 일이 아닌가. 한기섭 대표는 오랜만에 온 손님이 있으면 일부러 인상을 쓰고 손님이 먼저 말 걸기를 기다리고 있다가 "사장님 무슨 일 있어요?"라고 물으면 "자네가 너무 오랜만에 오니까 미워서 그렇지" 하며 반가움을 장난스럽게 표현하기도 한다.

이렇게 손님 얼굴을 잘 기억해두었다가 음료수라도 한 병 더 챙겨드리니 손님들이 한기섭 대표를 친근하게 생각할 수밖에 없다. 예약이 다 차서 자리가 없다고 하면 카운터에 부재중인 한기섭 대표 휴대폰으로 전화를 해서 자리를 잡아달라고 부탁할 정도다. 한기섭 대표의 고객을 위한 서비스는 여기서 끝이 아니다. 입소문을 듣고 혼자 식사하러 온 손님을 배려하여 한 테이블에서 식사를 함께한 적도 있다. 한정식이라 1인분이 힘들기 때문에 2인분이라도 시켜서 드시겠냐고 먼저 물어봤더니 손님이 그렇게라도 먹겠다고 해서 한기섭 대표가 맞은편에 앉아 같이 식사를 한 것이다. 그 손님은 "사장님이 같이 먹어주셔서 참 좋았습니다"라는 인사를 하며 이후에 다른 사람들과 함께 방문했다.

또한 가게로 찾아온 손님들만 잘 접객하는 것이 아니라 식재료를 거래하는 시장 사람들과도 친하게 지낸다. 식당으로 초대해서 식사를 대접하기도 하는데 그러면 요리에 적합한 또다른 재료나 적정 신선도에 대한 조언을 해주기도 하고, 먹어본 음식 재료는 더 좋은 것으로 챙겨주기도 한다.

좋은 일은
좋은 일을 부른다

어제보다 나은 오늘의 요리

금수저은수저의 요리 철칙은 좋은 재료를 사용하고 조미료를 쓰지 않는다는 기본을 지키는 것이다. 멸치와 버섯 그리고 해조류를 볶고 갈아서 직접 만든 자연 조미료를 사용하기 때문에 일손은 더 들어가지만 음식에 대한 손님과 직원들의 믿음만큼 보람 또한 크다. 금수저은수저에서 함께 일한 직원 중 한 명은 처음 왔을 때 위장약을 한 주먹씩 먹다가 2년 정도 같이 일하면서 약을 끊기 시작했다. 그 정도로 금수저은수저의 음식이 집에서 직접 해 먹는 건강식과 같다는 증거라며 자부심을 느낀다고 한기섭 대표는 이야기한다.

요리 개발은 김유미 대표가 전담해서 하고 있다. 처음부터 요리를 좋아하거나 즐겨하지는 않았지만 하다보니 즐거워서 강의를 통해 끊임없이 배우고 실제 메뉴에 적용시키려고 노력한다. 최근에는 사찰 음식 강좌를 들으며 금수저은수저에 적용시킬 나물 등을 연구 개발 중에 있다.

메뉴를 개발하면서 특히 중점적으로 생각하는 부분은 다른 집에는 없는 차별화된 메뉴다. 금수저은수저에는 대표적으로 유자효소가 있는데 이것을 쓰지 않으면 손님들이 왜 쓰지 않았는지 물을 정도다. 하지만 유자효소가 모든 음식에 맞을 수는 없기 때문에 신메뉴의 경우 직원들이 먼저 시식을 한 후 손님들에게 나간다. 손님들에게 선보인 후에도 리필 횟수를 일주일 정도 체크해서 반응이 좋으면 계속 두고, 좋지 않으면 바로 뺀다. 김유미 대표는 특유의 긍정적인 마인드로 일단 시작해서 부딪쳐보는 방식으로 끊임없이 메뉴 개발을 시도한다.

또한 음식에 대해서 만큼은 전문성을 갖추려고 한다. 특히 손님이 요리의 레시피나 효과에 대해서 금수저은수저가 말하는 것과 다른 의견을 말할 경우 철저하게 검증된 정보로 손님의 마음을 얻는다. 그렇게 하기 위해서는 직원 모두 요리에 대한 정보와 지식을 갖춰야 한다. 물론 손님들의 피드백은 언제나 참고하지만, 특히 요리에 대한 피드백인 경우에는 금수저은수저가 아는 정보 내에서 충분히 설명할 수 있을 정도로 직원들을 교육시킨다. 손님들을 설득하려면 스스로 확신이 있어야 하기 때문에 철저히 공부하고, 직원들과도 더 많이 공유한다.

새로운 메뉴를 개발할 때는 주로 벤치마킹을 통해 아이디어를 얻는다. 셋째 주 월, 화요일을 공식적인 벤치마킹데이로 정하고 다른 지역의 맛집을 찾아간다. 같은 지역에 있는 식당은 비슷한 상차림이 많기 때문이다. 다른 지역에서 먹어본 음식 중 괜찮은 것을 광주 지역에 맞는 맛으로 변형해 김유미 대표가 직접 만드는데, 맛집 대표들과도 관계를 형성해 모르는 것은 자문을 구하기도 한다.

Q "벤치마킹을 통해 개발에 성공한 메뉴가 있으면 소개 부탁드립니다."

A "예전에 손님들에게 폭발적인 반응을 얻었던 해초샐러드가 있습니다. 서울에서 벤치마킹을 해 더 나은 메뉴로 만들어 성공한 경우였지요. 바다에서 나오는 6가지 해초들로 구절판을 만드는 요리였습니다.

광주에 오자마자 해초 공급하는 곳을 찾아서 관리했는데 몇 번 실패했습니다. 하지만 시간차를 두고 결국 관리하는 방법을 찾았어요. 그런데 서울에 있는 식당에서 사용한 소스는 갈치젓갈이어서 사람에 따라 비위에 맞지 않을 수 있었어요. 그래서 콩으로 소스를 만들어보니 맛이 100% 달라졌지요. 땅콩, 호두 같은 견과류와 우유, 콩을 섞어서 만든 소스는 해초와 조화를 이루면서 고소한 맛이 극대화가 되었어요. 손님들 반응이 정말 폭발적이었죠. 더 달라는 손님들이 많았는데 해초나 양상추 단가가 높았어요(웃음). 이런 이야기도 요리를 내면서 손님들에게 솔직하게 이야기했죠.

벤치마킹을 할 때는 최소한 그대로라도 만들어야 한다고 하는데, 해초샐러드는 더 낫게 만들어서 성공한 경우였어요. 말 그대로 제대로 벤치마킹한 거죠."

벤치마킹을 다닐 때는 음식만 보는 것이 아니라 그 식당만의 분위기, 손님맞이 방법과 같이 고객의 접점에 있는 모든 부분을 유심히 살핀다. 예를 들면, 금수저은수저에서는 죽을 담을 때 늘 그릇 옆 부분에 죽이 묻어서 그릇을 닦아내는 작업을 한번 더 해야 했는데, 한 식당에서 그릇에 죽을 전혀 묻히지 않은 것을 보았다. 유심히 관찰했더니 그 집은 죽을 담을 때 국자를 담는 방향의 반대 방향으로 약간 기울여서 담았다. 기울임에 의한 반동을 이용해서 죽이 흐를 때 국자와 그릇이 닿지 않도록 한 것이다.

부산 송도에 있는 한정식집은 접객 서비스가 아주 인상 깊었는데 3대가 식당을 해오던 곳이라 남달랐다. 대표님은 '마중 3보, 배웅 7보'를 실천하고 있었다. 손님이 주차를 할 때는 차문을 열어주는 마중 3보, 손님이 나가실 때는 차까지 따라가는 배웅 7보였다.

음식을 먹고 계산할 때 눈 마주치는 방법도 벤치마킹하면서 배웠다. 결제카드를 긁고 영수증이 나올 때까지 카드를 쥐고 있다가 카드와 영수증을 같이 주면서 손님 눈을 보고 인사한다. 또 어떤 한정식집에서 자장면을 메뉴로 한 것을 보고 5월 가정의 달 이벤트로 자장면을 냈더니 손님들의 반응이 정말 좋았다.

이렇게 접근성과 주차, 내부에서의 손님맞이 방법과 마지막 계산 후 배웅하는 것까지 모든 요소를 고객의 입장에서 체험해본다. 다른 음식점과 비교했을 때 금수저은수저가 부족하다고 생각되는 점은 매주 월요일 열리는 직원조회시간을 통해 공유하고, 가이드라인을 만들어 몸에 익힌다.

직원도 손님처럼

금수저은수저에는 12명의 직원이 일하고 있다. 주방 7명, 홀 5명으로 김유미, 한기섭 대표까지 합치면 총 14명이다. 4년 이상 함께한 직원이 4명, 3년 이상 함께한 직원이 2명으로 오랫동안 가족같이 일한 직원들이 많다. 모두 '내 사업장'이라는 생각으로 열심히 일하기에 평균보다 높은 급여를 제공하고 휴무나 여러 형편들을 직원들과 협상하여 최대한 원하는 조건으로 맞춰준다.

금수저은수저하면 떠오르는 이미지는 햇살 가득한 가게 분위기와 친절한 대표 내외, 그리고 힘차고 밝은 직원들의 서비스다. 소규모이지만 매주 월요일 영업 시작 전 직원조회시간을 만들어 간단한 스트레칭과 함께 즐겁게 하루를 시작할 수 있도록 간단한 유머를 나누기도 한다. 지난 한 주간 고객 불만 사항이나 문제점, 영업에 대한 고민들을 서로 논의하고 공유하는 자리이기도 하다. 그리고 1년에 2~3회씩 바쁜 일정에도 불구하고 외부 초청 강사를 섭외하여 직원들의 교육을 진행하기도 한다.

직원들에게 지속적으로 교육의 기회를 제공하고, 직원들은 배운 바대로 실천했다. 그랬더니 서비스에 만족한 손님들이 직원들에게 팁을 주기 시작했다. 받은 팁은 모두 모아 전 직원이 양말을 구입해 신었다. 이렇게 홀 직원, 주방 직원 구분 없이 서로 챙기니 분위기가 더욱 화기애애해졌다. 종종 손님들이 두 대표에게 "사장님 여기 직원들에게 월급 많이 주세요" "직원분들께서 바쁘시고 힘드실 텐데도 늘 생글생글 웃으시고, 정

말 친절하세요" "힘든데 어떻게 이렇게 웃으면서 일하세요?"라는 칭찬을 하고 갈 정도다.

　　김유미, 한기섭 대표는 직원들과 즐겁게 일하기 위해 여러 가지 방법을 생각한다. 처음엔 비록 돈을 목표로 일을 시작했을지라도, 모두가 함께 행복하기를 바라는 마음으로 2010년 겨울부터 소원카드를 쓰기 시작했다. 매년 연말 직원들의 소원을 써서 보관해두고 모두의 소원이 이루어지기를 기원한다. 그리고 그 다음 해 연말에 함께 둘러앉아 열어보면 대부분 다 이루어져 있다. 오래 같이 일한 직원 중 한 명은 신용불량자였는데 신용을 회복하고 만든 통장을 가져와 함께 기뻐하기도 했고, 한 직원은 갖고 싶은 승용차를 구입했다. 또 복용하던 약을 끊고 건강을 되찾은 직원, 열심히 저축해서 큰 집으로 이사를 한 직원, 자녀를 결혼시키며 좋아하던 직원 등 모두의 표정을 잊을 수 없다. 두 대표는 식당을 운영할 때는 사장이라는 마음을 버리고 직원들과 함께한다는 마음으로 일해야 한다고 말한다. 기본적인 대우뿐만 아니라 식당을 운영하면서 얻는 실질적인 혜택들도 나누면서 직원들과 마음도 함께 나눌 수 있기를 진심으로 바란다. 무엇보다 초심을 잃지 말고 불경기나 물가 변동 같은 외부 환경의 변화에도 기본을 지키면서 음식의 품질을 유지해야 한다는 것, 준비하고 또 준비하는 자만이 어려운 세상에서 살아남는다는 것과 같은 지혜를 스스로 가슴에 새기고, 직원들에게도 전파한다. 그리고 끊임없는 자기 계발과 긍정적인 마인드로 한마음이 될 것을 독려한다.

때때로 손님이 까다롭고 막무가내로 나온다고 해서 손님을 이길 수는 없는 노릇이다. 각양각색의 수많은 손님들이 오는데 김유미, 한기섭 대표 두 사람만 잘한다고 해서 손님들과의 불화가 안 생길 수 있을까? 그렇지 않다. 금수저은수저는 직원 모두가 자신이 사장이라는 생각으로 진심을 다해 손님을 대하기 때문에 화가 난 손님들도 불만을 식당 안에서 털고 나간다. 그렇지 않으면 모든 불만 사항에 대해 사장이 직접 가서 서비스하고 문제를 해결해야 하는데 금수저은수저는 직원들이 워낙 잘하기 때문에 그럴 필요가 없다. 평소 두 대표가 직원들을 손님처럼 대접했기 때문에 가능한 일이라고 볼 수 있다.

그리고 금수저은수저처럼 소규모 창업을 할 경우 부부가 함께하면서 각자 잘하는 분야를 맡으면 운영에 많은 도움이 된다고 강조한다. 김유미, 한기섭 대표는 서로가 잘하는 부분을 시원하게 인정한다. 김유미 대표는 음식 만드는 것을 담당하는데 손님들이 맛있게 먹으면 기분이 좋고, 많이 먹으면 더 갖다주고 싶어한다. 한기섭 대표는 손님과 직원, 가게 전체를 관리하는데 손님과 스스럼없이 이야기를 나누거나 손님 얼굴을 기억하고 챙겨드리는 것을 좋아한다. 각자 좋아하고 잘하는 것을 하다보면 그 부분이 더욱 발전하게 된다. 반대로 못하는 걸 잘하려고 하다보면 오히려 역효과가 나고 본인도 힘들어진다. 이점을 염두에 두고 요리 분야와 접객, 경영 분야를 구분하고 각자 맡아서 끊임없이 연구, 개발하고 있다.

나누면 나눌수록 커지는 이익

한기섭 대표가 처음 금수저은수저를 시작할 때는 잘 먹고 잘살려고 열심히 했다. 삶에 필요한 것을 준비하기 위해 식당 인지도를 넓히고, 비전을 만들어가다보니 다른 식당에서도 부러워하는 대박식당이 되어 있었다. 이제는 초창기 어려웠던 시절을 생각하며 함께 잘사는 것이 세상 사는 방법인 것 같아 두 사람은 매달 여러 단체에 기부를 하고 있다. 또 창업 초기부터 어려우면 찾았던 소상공인진흥원의 창업 도우미 업체로 선정되어 활동하고 있고, 기부 중인 주변 학교의 명예 교사직을 맡아 학생 선도 도우미로서 역할을 실천하고 있기도 하다. 해당 학교 교장 선생님께서 금수저은수저의 지속적인 기부활동을 교육청에 알려 그 소식이 지역 학교 내

선생님들 사이에 전해졌고, 회식이나 모임이 있을 때마다 금수저은수저를 찾아주기도 하신다.

이렇게 금수저은수저는 지역사회에서 나눔을 실천하는 착한 가게로 인정을 받게 되었고, 두 대표는 주민들과 더불어 더 잘살아야겠다는 생각을 하고 있다. 지역사회에 참여하다보니 처음 오픈했을 때에 비해 동네 주민들이 많이 찾는다. 해피데이에 대한 정보를 듣고 날짜에 맞춰 일부러 찾아오시기도 하고, 회식 장소로도 추천을 해주셔서 가게에 많은 도움이 되고 있다. 작은 나눔이라고 생각하고 실천한 것이 더 큰 이익이 되어 금수저은수저로 돌아오는 것을 깨닫고 열심히 벌어서 더 많이 나누자는 마음으로 식당을 운영하고 있다.

이외에도 2011년부터 매주 넷째 주 월요일 매출의 절반을 꾸준히 기부하고 있다. '사랑의 열매'에 공문을 보고 직접 전화로 신청해 기부하기 시작했는데, 이렇게 지속적으로 기부한 것이 2012년에는 어느덧 14개 단체로 늘어나 있었다. 이제는 단순 기부에서 끝내는 것이 아니라 후원받는 단체가 어떤 일을 하는지 플랜카드나 화보, 전단지 등을 금수저은수저 가게 내에 비치하여 손님들에게 알릴 수 있도록 준비하고 있다. 또 매년 상, 하반기에 청소년갱생보호소에 음식을 제공하는 형태로 후원을 한다. 두 대표는 혹시 기부를 시작하고 싶은 식당이 있다면 동사무소를 찾는 것이 가장 수월하다고 말한다. 지속적인 후원이 필요한 기부사업이나 후원자가 있으면 바로 연결해주기 때문이다.

식당을 하려면 처음에는 많은 노력이 필요하지만, 시간이 지날수록 손님들이 저절로 찾아와 지속적으로 운영할 수 있게 된다. 이와 비슷한 이치로 표창이나 시상도 시간이 지나니 자연스럽게 많이 받게 되었다고 한다.

김유미, 한기섭 대표 두 사람은 처음부터 식당은 장사가 아니라 경영이라 생각하고 시작했다. 두 대표는 자신들이 아름다운 직원 12명이 있는 금수저은수저란 '중소기업'을 경영할 수 있었던 것은 능력이 있어서가 아니라 하고자 할 때 도와주는 손길이 있었기 때문이라고 한다. 그래서 받은 만큼 나누려고 하는 것뿐이라며 다른 사람들에게 공을 돌린다. 마지막까지도 두 대표는 불편한 위치에도 불구하고 찾아주시는 손님들께 감사하는 마음으로 손님들의 정성을 본인들이 대신하여 좋은 일에 쓰는 것뿐이라고 말하며 겸손한 자세를 잃지 않았다. *금수저은수저*

외식마케팅에
왕도는 없다

계획된 투자, 1년은 무조건 버텨라

음식점을 하면서 가장 힘든 점은 자금 흐름이다. 자가 건물이나 충분한 자기 자본으로 시작했다면 큰 어려움을 겪지 않지만 임차를 하거나 빚을 내서 하는 경우는 다르다. 무엇보다 돈의 흐름을 맞추는 것이 당장 장사하는 것 못지않게 중요하다. 한 달을 30일로 나눠서 생각했을 때 이틀 장사해서 월세 내고, 닷새 장사해서 직원들 월급 주고, 또 열흘 장사해서 재료 사고, 나머지 사나흘 정도 장사한 것으로 이러저러한 경비를 내면 남는 이익이 열흘 장사한 것이라고 배웠다. 물론 자기 자본으로 창업을 했을 때 가능한 얘기다. 문제는 얼마나 남느냐가 아니라 돈의 아귀를 어떻게 맞추느냐이다. 며칠만 기다리면 돈을 맞출 수 있는데 그 며칠을 견디지 못하고 이자를 연체하거나, 재료를 외상으로 가져오거나, 종업원의 월급을 미루는 상황이 발생한다. 게다가 건물 월세라도 며칠 늦을라치면 독촉하는 건물주인의 잔소리는 더 짜증나는 법이다. 그 와중에 장사마저 제대로 안된다면? 스트레스는 감당할 수 없을 정도로 커진다.

이런 일이 벌어지는 원인은 물론 여러 가지가 있다. 계획이 없거나, 돈이 부족하거나, 돈은 있지만 자금의 흐름이 원활하지 않거나 등이다. 하지만 이것이 현실인데 상황 탓만 하고 있어서는 안된다. 공연히 종업원들에게 부끄러운 모습 보이지 말고 사전에 준비해서 장사에만 집중할 수 있도록 해보자. 장사만 하기에도 시간이 부족한데 돈에 얽매여 스트레스를 받는다면 장사에 집중하기 힘들고 그만큼 수익을 내는 시기는 멀어져만 간다. 우선 가게를 여유 있게 운영할 수 있도록 만드는 것이 먼저다. 당장은 손해보는 것 같지만 1년 정도만 시간을 투자한다고 생각하면 이 방법이 성공으로 가는 지름길이다. 손님은 낚시를 하듯 아주 천천히 죄었다 풀었다 해야 한다. 그물로 한꺼번에 다 잡아버리면 다음에 잡을 고기가 없어지는 것처럼, 손님도 많이 왔다가 다시 오지 않으면 그 집은 망하기 십상이다. 그럼 식당을 여유롭게 운영하는 방법에 대해서 알아보자.

첫째, 창업 초기 1년 동안은 절대로 무리하지 마라.
음식점을 처음 하는 경영자나 중도에 식당을 인수한 사람은 조급한 마음에 승부를 일찍 내려고 하는 습성이 있다. 그 마음을 이해 못하는 것은 아니지만 그런다고 돈이 따라오는 것은 아니다. 첫해에 무조건 돈을 벌겠다고 마음먹어서는 무리만 하기 쉽다. 이익보다는 손해보지 않는 것에 집중하라. 가게 시스템을 구축하고 손님들한테 어떻게 하면 좋은 이미지를 남길지 고민하라. 손해보지 않는 것만으로도 이미 승산이 있다. 요즘은 식당 열에 아홉은 문을 닫는 판국인데 현상유지만 해도 잘하는 것이다. 대신 손님들이 "먹을 만한 식당이네"라는 평가를 내릴 수 있도록 음식과 서비스에 최선을 다해야 한다.

식당이 성공하려면 홀과 주방의 직원들이 각자의 역할을 안정적으로 수행해야 한다. 그리고 가게 시스템을 구축하는 데는 반드시 경영자가 직접 나서야 한다. 본인이 직접 하니 당연히 돈도 많이 들지 않는다. 또한 인테리어나 광고에 돈을 퍼붓는다고 당장 손님이 줄지어 오는 것도 아니다. 특히 인테리어는 독특한 장점이 될 수 있지만 옆 가게가 더 세련된 인테리어로 오픈하면 내가 한 것은 하루아침에 구식이 되고 만다. 물론 인테리어도 식당에 중요한 요소이지만 무리해서까지 할 필요는 없다는 뜻이다. 식당으로 광고 영업을 오는 생활 정보지, 신문 전단지 등은 하는 만큼 돈을 버리는 짓이다. 차라리 그 돈으로 더 싱싱한 재료를 사는데 투자하거나, 저축을 하라. 1~2천만 원이 없어서 식당이 어려운 것이 아니다. 고작 1~2백만 원 때문에 남들에게 아쉬운 소리하며 돈을 빌려야 한다. 그런 자신이 부끄럽고 한심해지면서 식당도 함께 동력을 잃는 것이다.

둘째, 힘든 때일수록 한 템포 쉬고 멀리 바라보라.

시장을 개척하는 선구자가 어려움을 겪다가 장렬히 전사하는 것을 자주 본다. 식당 경영도 마찬가지다. 최근 토속음식점이 각광받는 이유 중 하나는 지난 수십 년간 흥하고 망해온 전국 토속음식점들의 전례가 있기 때문이라고 볼 수 있다.

외식창업을 시작하면서 시장을 독점하겠다고 벼르지만 결국은 더 큰 상대가 나타난다. 지금 아니면 늦을 것 같다는 생각에 있는 돈 없는 돈 다 끌어모아서 화려한 외관을 자랑하는 식당을 짓지만 막상 손님들의 반응은 시원찮다. 엎친 데 덮친 격으로 주변에는 어느새 더 화려하고 웅장한 건물들이 들어선다. 이럴 때 더 조급해하지 말고 한 템포 늦춰가야 한다. 내가 시도한 것이 시장 상황에 비해 너무 빨랐을 수도 있고, 너무 늦었을 수도 있다. 혹은 외식시장에 전혀 어울리지 않는 시도였는지도 모른다. 무리해서 앞서나가려고 하지 말고, 시장과 고객이 원하는 것이 무엇인지 찾아내는 일에 전력을 투구하라. 절대 늦는 것이 아니다. 전쟁에서 한 번의 후퇴가 패배를 의미하지는 않는 것처럼 말이다.

지금 어려운 식당은 반드시 다음 사항을 확인해봐야 한다. 우리 식당이 공략할 주고객은 명확히 설정되어 있는가? 그 목표 고객이 선호하는 메뉴와 서비스에 집중되고 있는가? 고객들의 반응은 어떤가? 적어도 1년은 위 질문에 답을 찾는다는 심정으로 식당을 운영해보자. 식당 경영자가 해야 할 일이 무엇인지 명확히 정리가 되면서, 1년이란 시간은 후딱 지나갈 것이다.

셋째, 1년 동안 생각하고, 계획하고, 실천하라.

식당을 하면 오늘, 내일의 생각과 기분을 예측할 수 없다. 어제 아무리 많이 팔았다 하더라도 오늘 손님이 적으면 기운이 빠지는 것이 바로 식당일이다. 계산기를 두드리고 여기저기 나가야 할 돈 걱정에 괜히 우울해진다. 하지만 이것을 이겨내지 못하면 식당은 절대로 성공할 수 없다.

일단 매출 장부를 만들어라. 그리고 그에 맞춰 매입 장부도 기록하라. 또한 홀 서비스교육은 어떤 방식으로 할 것인지 계획을 세우고, 주방에서 음식이 어떻게 만들어지는지 주방장과 함께 문서로 작성해보라. 만약 주방장이 거부하면 맘을 단단히 먹고 새 사람을 뽑는 것이 낫다. 식당에 대한 책임은 온전히 식당 경영자 혼자 짊어져야 하기 때문이다. 망하면 혼자 감당해야 할뿐 다른 사람과는 절대 나눌 수 없는 것이 바로 식당이다. 그런데 식당 운영에 협조하지 않는 직원을 그대로 두는 것은 위험요소를 안고 있는 것과 같다. 이런 기록을 1년 정도하면 다이어리 1권 정도가 나오는데, 이것이 앞으로의 식당 발전에 든든한 밑거름이 될 것이다.

식당 경영자가 되면 하루에도 몇 번씩 아이디어가 떠오른다. 그때마다 기록해놓지 않으면 나중에는 아이디어마저도 떠오르지 않는다. 매일 조금씩 시간날 때마다 기록하는 습관을 들이자.

1년 동안 투자하면 성공할 수 있다는 것이 나의 주장이다. 물론 생각 없이 투자하는 것이 아니라 투자할 곳에 제대로 투자해야 된다는 의미다. 또 투자라고 해서 돈을 많이 쓰라는 것도 아니다. 지출은 최대한 줄이면서 당신의 몸과 마음을 전적으로 식당에 투자해야 한다. 인테리어 공사나 광고할 돈이 있으면 더 싱싱한 재료를 사거나 종업원의 급여를 올려주는 것이 낫다. 장사가 안돼서 속상한 마음에 매일 술값으로 돈을 낭비하지 말고, 그 시간에 식당에 더 관심을 기울여야 한다. 불필요한 감정 소모만 하지 않아도 월말에 돈을 빌리러 여기저기 돌아다니지 않아도 된다. 더 나아가 음식의 맛을 향상시키기 위해 연구를 하고, 더 나은 서비스를 위해 손님과 접점에 있는 직원들을 어떻게 교육시켜야 효과적인지 생각해야 한다. 그리고 이 모든 것들은 기록으로 남겨야 한다.

딱 1년간만 나의 전부를 오로지 식당 비즈니스에만 쏟겠다고 각오하라. 개선 사항에 집중하고 시간과 몸과 마음 그리고 돈을 투자하라. 손님은 이런 당신의 노력을 결코 외면하지 않을 것이다.

퍼줘라! 왕창 퍼줘라!

음식점을 운영하다보면 사람 인생이 하루 울고 하루 웃는 것임을 느끼게 된다. 어제는 정신없이 바쁠 정도로 많이 팔았어도 오늘 손님이 적으면 마음이 불안해지기 시작한다. 속이 타서 계산기를 두드리고 월 매출을 다시 확인하고 재료비가 얼마나 되는지 두세 번씩 확인한다. 굳이 그렇게까지 하지 않아도 알게 될 텐데 마치 확인사살을 해야 마음이 놓이는 것처럼 눈으로, 손으로 세어본다.

매달 가게 월세와 이자가 통장에서 빠져나갈 텐데 마음만큼 돈은 들어오지 않고 재료비, 공과금, 인건비는 매일 주머니에 든 곶감 빼먹듯이 야금야금 새나간다. 이래서 마음이 약한 사람은 소매 장사를 하면 오래 살지 못한다는 말이 있다. 돈에 연연하지 않는 사람이 또 어디 있겠냐만

'식당 비즈니스'를 하는 사람들은 특히 이 범주를 벗어나기 힘들다. 예를 들면, 월드컵이 열리는 때나 장마가 오는 달은 다른 때보다 매출이 현저히 줄어들기 때문에 속이 상하고도 남는다.

손님이 적으면 종업원들이 먼저 사장 눈치를 보고, 괜히 자기들이 미안해한다. 예전에 나는 그런 모습이 보이면 아예 밖으로 나가버렸다. 차라리 눈에 보이지 않으면 나도, 종업원들도 당장에 마음은 편하기 때문이다. 하지만 요즘은 그렇게 하지 않는다. 편하게 농담도 하고 이런저런 아이디어를 같이 의논한다. 그러다보면 더 깊은 정이 쌓이고 서로가 더욱 열심히 해야지 하는 마음도 들게 된다.

부산에 J갈비라고 꽤 큰 식당이 있다. 몇 해 전 외식교육을 받다가 이 식당의 주방 중간책임자인 K주임을 만난 적이 있다. 그는 말도 많고 아는 것도 많은 아주 열정적인 사람이었다. 게다가 자기가 근무하는 식당 자랑에 시간가는 줄 모르고 열변을 토했다.

지금은 무척 손님이 많고, 돈도 많이 버는 식당이지만 원래 J갈비도 개업하고 1년 동안은 손님이 적었다. 종업원이 10명 이상 있었던 것에 비해 매상이 그리 많지 않았는데도 식당 사장은 눈 하나 깜짝하지 않았다. 심지어 손님이 너무 없어서 직원들이 식당 주변의 잡초를 뜯을 정도였다. 보다못한 주방장이 식당이 잘되면 그때 다시 종업원을 채용하더라도 지금은 몇 명을 내보내자고 건의를 해도 사장은 그런 걱정은 하지 말고 손님이 오면 더 친절하게 더 맛있게 서비스하라고 할 뿐이었다. 신기하게도 그렇게 1년을 보내고 나니 서서히 손님이 늘기 시작했고, 어느새 웨이팅이 걸릴 정도로 손님이 밀려들었다.

그제야 사장은 본격적인 경영에 대해 이야기했다. 재료비를 적정 수준에 맞출 것을 지시했고, 목표 비율 이내로 절감된 재료비는 전액 직원들에게 성과급으로 지급했다. 이에 감동한 종업원들은 깻잎 한장이라도 아끼려고 노력했다. 또 음식의 양을 적지 않게, 남지도 않게 주는 방법도 개발하는 등 모두 혼신의 노력을 다했다. 열심히 일한 만큼 대우받으면서 나중에 자신의 식당을 차리기 위해 배운다는 마음으로 일한 것이다. 하지만 무엇보다 손해를 보는 시기에도 직원들을 믿어준 사장님께 감사하는 마음으로 열심히 일하고 연구했다고 한다. 1년 동안 의리를 지킨 사장님의 의지가 대단하지 않은가. 이런 뚝심 때문인지 1년 동안 손해본 금액이 만만치 않았음에도 2년 차에 모두 만회했다고 한다.

B식당의 사장님 역시 같은 전략으로 식당 비즈니스를 성공적으로 이끌고 있다. 그는 개업 초기에는 식재료 비율을 70%까지 올린다. 매출에 만족할 정도로 손님이 찾아오면 그때부터 재료비 조절을 시작한다. 이분 역시 손익분기점을 넘기는 기간을 길게는 1년까지 본다. 사실 외식업에서 1년은 수백 번 식당을 허물고 다시 세울 수 있을 정도로 상당히 긴 시간이기 때문에 1년을 버틴다는 것은 말처럼 쉬운 일이 아니다. 특히 식당 비즈니스에서 재료비는 물에 물 탄 듯 술에 술 탄 듯 만들기 나름인 경우가 많다. 예를 들면, 월 5천만 원 매출의 40%인 2천만 원이 재료비라고 가정해보자. 그렇다면 6천만 원을 팔았을 때는 재료비가 2천 4백만 원이어야 정상이지만 실제 들어가는 재료비를 계산해보면 2천 1백만 원 정도밖에 안된다. 반대로 매출이 4천만 원으로 줄었으면 재료비도 1천 6백만 원으

로 줄어야 되는데 많이 줄어봤자 1천 8백만 원 정도로 비율에 따라 절감되지 않는다. 왜 이런 현상이 발생하는 것일까? 이것이 외식업의 특징이라고 할 수 있다. 음식은 같은 양을 만들어도 주방장에 따라 두 접시로 만들 것을 세 접시로 만들어 낼 수 있다. 하지만 한 접시에 담을 음식의 양을 줄이는 데는 한계가 있다. 그렇기 때문에 손님이 예상보다 더 많이 오면 재료를 더 추가하지 않아도 음식을 내보낼 수 있는 것이다. 반면 손님이 예상보다 적게 온다고 해서 기존에 사용하던 재료의 양을 대폭 줄일 수는 없는 것이다. 그렇기 때문에 매출에 재료비가 비례하여 늘어나거나 줄어들지 않는다.

식당을 처음 개업하는 사람이나 업종을 바꿔 다시 여는 사람일수록 재료비에 연연하면 돈을 벌기 힘들다. 성공하는 식당은 초기에는 마구 퍼주는 방법을 사용한다. 물론 맛은 기본이다. 맛이 없는데 양만 많이 준다고 손님들이 마구 몰릴 리는 없기 때문이다.

식당의 기본은 당연히 첫째가 맛이요, 둘째가 서비스요, 셋째가 청결한 분위기다. 거기에 '고품질 저단가' 전략으로 고객수를 늘려 일단 매출을 극대화한 후, 원가 조정을 통해 이익을 증대시키는 것이 하나의 법칙이다. 당장 손님이 없는데 원가에만 얽매이는 것은 식당 운영을 잘하는 것이 아니다. 좋은 재료와 합리적인 가격으로 음식의 가치를 높여 손님들이 저절로 식당에 찾아올 수 있도록 해야 한다. 이렇게 말하면 '박리다매' 방식이라고 생각할 수 있겠지만 적당한 이윤을 내는 판매 가격을 산정하고, 원가 비율을 맞추는 요령이 따로 있다.

식당은 일단 손님이 많이 와야 살아 있는 식당이다. 매출 중심의 식당 운영에서 가치 중심의 식당 운영으로 발전해가는 것도 우선 손님을 많이 확보한 다음에야 가능한 일이다. 식당이 성장하게 되면 무조건 손님이 많은 것도 좋지 만은 않다. 좌석이 소화할 수 있고, 종업원들이 감당할 수 있는 손님수에는 한계가 있기 때문이다. 손님이 많이 온다고 무리하게 손님을 유치해서 서비스가 나빠지면 사람들이 식당을 찾는 빈도는 줄어들기 마련이다. 손님들은 사람이 많으면서도 편안하게 식사할 수 있는 식당을 선호하기 때문에 식당 운영에 방해받지 않을 정도의 손님수를 유지하는 것이 무엇보다 중요하다.

위와 같은 이유로 나는 식당을 개업하면 1년 동안은 마음껏 퍼줄 것을 권한다. 만약에 식당이 망한다고 할지라도 최선을 다했다면 아쉬움은 남지 않는다. 하지만 두려움 때문에 많은 식당에서 이미 검증된 방법을 시도도 안 해보고 망하면 두고두고 아쉬움이 남을 것이다. 사실 식당을 어떤 방식으로 운영하더라도 접게 되면 손해보는 돈의 액수는 비슷하다. 기본적으로 손해보는 돈은 몇 천에서 몇 억 정도이고, 그 차이는 기껏해야 1~2천만 원 정도다. 수익은 없었지만 손님이라도 많이 오던 식당은 다른 사람에게 넘길 때 권리금을 받을 수 있다. 하지만 손님이 적은 식당은 권리금조차 받을 수 없다는 점을 명심하기 바란다.

그리고 이왕 퍼주는 것, 아낌없이 퍼줘라. 손님이 '이렇게 주고 뭐 남느냐'고 할 때까지 퍼줘라. 한국 사람은 인정이 많기 때문에 후하게 대접받고 간 손님들은 미안해서라도 다시 오기 마련이다. 올 때는 절대 혼자

오지 않고 지인을 데리고 온다. 그렇게 손님들이 자발적으로 새끼를 쳐주는 것이다. 한 사람이 두 사람을, 두 사람이 네 사람을 데려오는 일이 지속되면 어느덧 손님으로 가득 찬 식당을 보게 될 것이다. 식당의 가치는 가격대비 고객만족도에 따라 좌우된다. 여기서 고객만족도는 맛과 서비스 그리고 그것에 대한 만족도 모두를 의미한다. 가격에 비해 맛있고, 양 많고, 서비스도 좋으면 당연히 만족도는 높아진다. 이런 식당은 손님이 다시 찾지 않을 수 없다. 하지만 이런 명확한 사실을 알면서도 식당 경영자들은 퍼주는 것을 선뜻 실천하지 못한다. '과연 퍼주는 것으로 성공할 수 있을까?'라고 생각만 하고 시도하지 않는다. 식당으로 돈을 벌려면 돈이 벌리는 방법을 선택하고 실천에 옮겨야 한다.

마케팅 불변의 법칙, 입소문

노력하면 더 나아지고, 아무것도 하지 않으면 더 나빠진다는 말이 있다. 정말 입소문만으로 식당을 번성시킬 수 있을까? 반신반의하는 사람도 있을 것이다. 대부분의 대박식당들이 손님들로 바글바글한 이유는 무엇보다도 맛이 있어서겠지만 그 맛을 손님에서 손님으로 전달해주는 소문에 있다고 해도 과언은 아니다.

전단을 돌리거나 신문 광고를 해도 효과가 별로 없는 것은 우리가 워낙 많은 광고의 홍수 속에서 살아가기 때문이다. 아침 신문에 간지로 들어 있는 전단지만 10장이 넘는 것이 요즘의 실태다. 이렇게 공급이 넘쳐나는 시대에 '좋은 상품' '믿을 만한 상품' '안전한 상품' 같은 문구를 소비자는 믿지 않는다. 이미 많은 거짓 광고에 속아봤기 때문이다. 이럴 때 믿을 수 있는 것이 바로 입소문이다. 가족이나 친구, 주변 사람, 존경하는 사람, 연예인 등 자신이 알고 있는 사람들이 직접 가서 먹어보고 평가한 결과가 유일한 품질보증서의 역할을 하기 때문이다. 요란한 광고보다는 직접 먹고 온 친구의 말이 훨씬 설득력 있다. 아는 사람의 경험에서 나온 말이므로 믿을 수 있는 것이다.

가끔 주변 사람들에게서 오늘 저녁을 어디서 먹으면 좋을지 추천해달라는 전화를 종종 받게 된다. 중요한 손님이라서, 처가에서 장인, 장모님이 오셔서, 회식을 해야 해서 등등 좋은 곳에서 맛있는 음식을 즐겨야 하는데 식당을 잘못 선택했다가 낭패를 보는 일이 생길까봐 잘 아는 사람에게 물어보는 것이다. 이럴 때 상대방이 서슴없이 추천해주는 식당이 있으면 대개는 그 식당으로 결정한다. 그리고 만족스러우면 다음에도 그 식당을 이용하고, 주위 사람들에게 추천하기도 한다. 반대로 만족스럽지 못하면 당연히 그 식당에는 절대로 가지 말라고 말리는 것이 우리나라 사람들이 속성이다. 입소문의 효력은 이렇게 막강하다.

식당은 손님의 호응이 있어야 발전한다. 그러므로 손님을 우리 식당의 단골고객으로 만드는 일은 대단히 중요하다. 일단 단골고객이 되면 또 다른 손님을 불러온다. 그 손님들끼리 교류하며 결속력 있는 모임으로 발전하면 저절로 식당에 대한 소문이 나기 마련이다. 이것이 바로 입소문

마케팅의 핵심 전략이다. 단순한 이론이라 누구나 쉽게 따라할 수 있을 것 같지만 막상 하려고 하면 생각만큼 쉽지 않다. 그러나 제대로 입소문이 나기만 하면 아무리 작은 식당이라 하더라도 지속적인 성장, 적은 비용 대비 큰 효과, 브랜드 자산의 축적이라는 대박선물을 받을 수 있다.

김포에서 강화 방면으로 가다보면 버섯 요리를 하는 B라는 식당이 있다. 이곳에서 진행하는 이벤트를 살펴보면 "이렇게 하는 식당이 과연 몇 개나 있을까?" 하는 의문이 들 정도로 체계적이다.

어린이날에는 앨범 1,000개 정도를, 어버이날과 스승의 날에는 양말 800~900개 정도를 구입해서 손님들에게 증정한다. 또 구정과 추석 전후 5일 동안은 떡과 송편을 각각 두세 말 준비해서 손님들에게 대접한다. 평상시에는 어린이들에게 막대사탕을 제공한다. 꾸준히 모은 고객자료를 활용하여 연말에는 연하장을 보내는데, 매년 그 부수가 2,000여 장에 이른다. 또 생일을 맞이한 고객에게는 생일축하카드와 20% 할인권을 보내는데, 이 쿠폰은 회수율이 30%에 달한다. 고객의 소리를 작성한 고객에게는 무료시식권을 준다. 그외 동문 모임 10~20% 할인 혜택, 매월 1회 가훈 써주기 운동도 한다.

이렇게 손님을 위한 다양한 이벤트뿐만 아니라 사회공헌과 직원복지에도 적극적이다. 두 달에 한 번씩 푸드뱅크에 쌀을 기증하고, 직원 생일에는 상당한 액수의 상품권을 선물한다.

이벤트 정도는 요즘 여느 식당이나 하고 있고, 할 수 있다고 생각하는 사람이 있을 것이다. 하지만 B식당에서 준비하는 이벤트 내용과 수량을 자세히 보면 결코 쉽지 않은 일임을 알 수 있다. 이런 노력 덕분에 이 식당의 고객 분포는 김포 지역 고객과 타 지역 고객 비율이 각각 50%로 광범위한 인지도를 가지고 있고, 재방문율 또한 높다. 판촉을 할 때는 이 렇게 구체적인 계획을 가지고 꾸준히 해야만 효과가 있다는 것을 알 수 있다.

입소문은 한때의 붐이나 일시적인 현상으로 그치지 않는다. 해당 식 당이 현재의 수준을 유지하는 한 아주 오랫동안 지속된다. 또한 많은 돈 을 들여 계획적인 홍보나 광고를 하지 않아도 얼마든지 확실한 효과를 얻 을 수 있는 이점도 있다. 이것이 입소문의 독특한 특성이다. 또한 입소문 을 통해 식당에 대한 이미지가 쌓이면서 브랜드 가치를 가진 경쟁력 있는 식당이 될 수 있다. 돈으로 살 수 없는 무형의 자산은 단골고객을 쉽게 확보할 수 있게 해주는 등 식당이 성장하는 데 보물과도 같은 소중한 버 팀목이 된다. 이처럼 입소문은 단점보다는 장점이 훨씬 많은 가장 효과적 인 광고 수단이다.

그런데 유독 입소문의 대상을 주부에게 맞추는 이유는 무엇일까? 시 대의 흐름상 점점 모든 구매결정권이 여성에게로 넘어가고 있기 때문이 다. 회식을 할 때, 친구들과 식사를 할 때, 가족끼리 외식을 할 때, 어디 로 가고 얼마를 쓸 것인가를 결정하는 '바잉파워Buying Power'는 여직원, 여자 친구, 엄마에게 있다. 가계구매결정권의 약 80%는 여성에게 있다는 조사보고서 결과는 이미 진부하게 느껴질 정도로 기정사실인 내용이다.

남성이 직접 결정하는 경우는 독신자 또는 남자들만의 모임 몇몇을 빼고는 찾아보기 어렵다.

요즘 외식업의 트렌드는 건강식, 퓨전화 등으로 변하고 있다. 이것은 소비의 주역이 여성, 특히 '주부'라는 사실을 반영하는 것이다. 외식을 하더라도 내가 사랑하는 사람들과 맛있고, 몸에 좋은 음식을 먹어야 하기 때문이다. 이제는 소비자의 마음을 읽고 적극적으로 변화하는 식당만이 고객들의 사랑을 받고, 입소문 효과를 톡톡히 볼 수 있는 시대라고 할 수 있다.

식당의 경쟁력은
사장에게 달려있다

외식창업은 누구나 쉽게 시도할 수 있지만, 그만큼 많은 사람들이 성공하지 못하고 금세 떨어져나가는 시장이기도 하다. 특히 마지막이라 생각하고 본인이 가진 모든 것을 투자하는 경우가 많기 때문에 식당을 폐업하게 되면 하루아침에 인생의 나락으로 떨어지게 된다.

천안에 위치한 퓨전한정식 마실(이하 마실)의 박노진 대표도 이와 같은 상황을 겪었다. '음식만 맛있으면 되겠지' 하는 마음으로 쉽게 창업한 첫번째 고깃집은 광우병 파동 및 여러 가지 운영상의 미숙함으로 3년 만에 3억 원의 빚만 남기고 접었다. 하지만 이 실패를 교훈 삼아 두번째 식당 '퓨전한정식 마실'로 재기에 성공했다. 이 책에서 소개한 다른 대박식당과 '마실'의 차이점은 바로 대박식당에서 외식전문기업 '마실'로 거듭났다는 점이다. '마실'을 탄생시킨 박노진 대표도 처음에는 일반적인 창업자와 다를 바 없었다. 하지만 꾸준한 공부와 연구를 바탕으로 한 실행력으로 이와 같은 결과를 이뤄낸 것이다.

쪽박집 사장에서
대박집 사장이 되다

식당은 내 운명

"밤새 10시간을 달려왔다. 어제 오후 6시부터 지금까지 홀로 걷거나 뛰면서 여기까지 왔다. 중간에 택시를 탈까 하는 유혹도 있었지만 혼자 힘으로 끝까지 완주했다. 어두컴컴한 사방이 모두 논이다. 논두렁을 계속 달린다. 힘들고 두렵다. 어디가 끝일까? 그렇게 걷고, 뛰는 사이 끝없던 어둠을 뚫고 새벽 여명이 밝아온다. 저기 멀리 결승점이 보인다. 계속 걷고 달렸다. 눈물이 났다. 결승점을 통과했다. 이 마라톤도 이제 끝이다. 실패와 세상에 대한 두려움도 끝이다. 이제 세상에 나설 수 있겠다." 박노진 대표는 울트라마라톤에서 새벽 여명이 터오는 논두렁을 달렸던 기억을 지금도 잊지 못한다.

사실 그는 세상 무서울 게 없었다. 2002년 이전까지 여러 가지 사업을 했었고, 첫번째 식당을 오픈하기 전에는 단체 급식 사업을 했다. 그 때는 현재 마실의 매출보다 5배나 수입이 좋았다. 정해진 금액에 맞춰 정해진 분량의 식사를 준비하는 일이기 때문에 재료의 손실도 없었고, 매출도 정확했다. 하지만 매년 계약 시기마다 벌어지는 불합리한 상황과 접대를 해야 하는 업계 특성은 삶의 가치관과 전혀 맞지 않았다. 그래서 '정직한 맛'으로 승부하는 식당을 해보자는 마음을 먹고 고깃집을 시작한 것이다.

하지만 패기로 시작한 고깃집은 3년 만에 쫄딱 망했다. 30대 시절 10년 동안 저축했던 돈까지 모두 날렸다. 첫번째 식당의 실패 요인은 표면적으로 광우병 파동이었다. 하지만 냉철하게 생각하면 실제로 그것 때문만은 아니었다. 다만 광우병 파동이 흔들리던 식당을 쓰러뜨렸던 결정적인 '한 방'이었을 뿐이다. 식당에는 여러 실패 요소들이 곳곳에 잠재되어 있었다. '음식만 맛있으면 되겠지'란 안일한 생각으로 출발한 식당은 체계적일 리가 없었다.

첫번째로 자금 관리가 전혀 되지 않았다. 하루 300만 원을 벌면 전체 자금 운용 상황은 생각지도 않은 채 계획 없이 써버렸다. 두번째로 음식에 대한 기본 지식이 부족했다. 본인은 요리에 대해 잘 모르면서 주방장만 믿고 손님들의 입맛을 잡겠다는 의욕만 앞섰다. 마지막으로 진짜 손님이 올려주는 매출에 대한 개념이 없었다. 예를 들면, 지인들이 방문해 올려준 매출을 일반 손님들이 찾아와 오른 매출로 착각했던 것이다. 자연스럽게 손님들을 끌어모으기 위해 맛을 향상시키거나, 사이드 메뉴를 개발하거나, 서비스를 개선하는 일 등은 하지 않았다.

이런 상황에서 광우병 파동이란 어려움을 맞닥뜨렸을 때 긴축 경영도 하지 않았으니 실패는 불을 보듯 뻔한 일이었다.

2005년 8월, 식당은 3억 원의 빚과 함께 술, 담배, 스트레스로 인한 당뇨병만 남기고 문을 닫았다. 매사에 당당했던 박노진 대표는 세상이 무서워졌고 다시는 식당을 하지 않겠다고 다짐했다. 그후 타의적 휴식이었지만 6개월 동안 몸과 마음의 건강을 재정비하면서 보내던 중 우연히 서점에서 대한민국 1인 지식기업가의 대표인 구본형의 『나, 구본형의 변화 이야기』란 책을 보게 되었다. 40살의 박노진 대표에게 주어진 '앞으로 어떻게 살아가야 할까?'라는 고민에 대한 답이 그 책에 고스란히 담겨 있었다. 박노진 대표는 눈물을 흘리면서 몇 번이고 책을 반복해서 읽었다. 우연히 만난 책 한 권은 박노진 대표를 공부하는 사람으로 만들었고, 뿌리 깊은 공부의 힘은 어떤 어려움에 부딪혀도 헤쳐나갈 수 있는 동력을 주었다. 이때부터 이전에 취미로 하던 마라톤을 본격적으로 다시 시작했다. 어려움 속에서 몸을 추스르고, 자신감을 기르며 재기를 위해 노력했다.

다시는 식당을 하지 않겠다는 다짐이 무색할 만큼 다시 시작해야 할 계기와 이유들이 몰려왔다. 이에 박노진 대표는 "식당을 할 운명을 타고 났다"고 말한다. 안면이 있던 전(前) 마실 사장이 갑자기 마실을 인수하는 것이 어떠냐고 권유해온 것이다. 보름 동안 '보증금이 비싸면 깎아주겠다' '정말 보증금 낼 돈이 없으면 나눠서 내도 된다'며 끈질기게 설득했다. 때마침 과거 어려울 때 많은 도움을 주었던 후배도 몇 년 만에 찾아왔다. 사정이 굉장히 어려웠지만, 첫번째 식당이 폐업한 지 얼마 되지 않아 현실적으로 도와줄 방법이 없었다. 고민을 거듭해 내린 결론은 '지금 당장 할 수 있는 일'이 식당밖에 없다는 것이었다. 그렇게 6개월 만에 지긋지긋한 식당을 다시 시작했다. 그것이 현재의 퓨전한정식 '마실'의 시작이다.

실패가 낳은 '퓨전'한정식 마실

한번 실패한 것으로 경험은 충분했다. 두번째 식당은 욕심부리기보다 실패하지 않겠다는 각오로 시작했다. 마실은 규모는 꽤 컸지만 인적이 드문 곳에 위치해 있어 입지가 좋지 않았다. 그래도 이전 마실 손님들이 가끔 차를 마시러 올 정도로 인테리어와 분위기가 좋았다. 하지만 술장사는 처음부터 생각하지 않았다. 입지가 도로나 번화가와 떨어져 있기 때문에 직장인을 대상으로 점심 메뉴를 할 수도 없었다. 결국 밥장사로 결정하니 주고객층은 '여성' '주부'들이었다.

위험 요소를 최대한 피하기 위해 식재료도 꼼꼼히 살폈다. 첫번째 식당이 고깃집이었기 때문에 광우병의 영향을 받았던지라 닭, 오리, 돼지고기, 회 등 위험 요소가 있는 식재료는 가급적이면 배재하려고 노력했다.

한정식은 메뉴 구성을 자유자재로 조절할 수 있고 혹여 식재료 공급에 어려움이 생겨도 다른 메뉴로 대체해서 영업할 수 있기 때문에 새로운 식당 아이템에 안성맞춤이었다. 이렇게 2006년 3월 1일 마실을 오픈했다.

두번째 식당은 반드시 성공시키겠다는 마음에 오픈 후 보름 동안 지인들에게 음식 시식을 부탁했다. 하지만 반응은 처참했다. '맛이 없다' '이 것을 돈 받고 파느냐'는 이야기까지 들었다. 손님들의 반응도 이전 마실보다 가격이 올랐는데 맛은 나아진 게 없다며 냉정했다. 이러다 또 망할 것만 같았다. 하지만 식당을 또 접을 수는 없었기에 오랜 고민 끝에 결단을 내렸다. 곧바로 빚을 내 유명한 메뉴 개발 컨설턴트를 찾아가 마실의 전체 메뉴를 수정해달라고 의뢰한 것이다. 외식전문 컨설턴트가 된 지금, 어려움을 겪는 식당을 보면 빚을 지더라도 전문가의 도움을 받으라고 조언할 정도로 효과가 있었다.

메뉴 개발 컨설턴트는 당시 트렌드였던 웰빙한정식을 콘셉트로 전체 메뉴를 바꿔나갔다. 그리고 두 달 후 마실이 '퓨전'한정식 '마실'로 새롭게 탄생했다. 고객들의 평가만 앞두고 있는 상황에서 박노진 대표는 앞으로 6개월 동안은 손님이 맛과 서비스에 대해서 뭐라고 평가하든 마실만을 위해 특별히 개발한 '퓨전'한정식을 믿어보기로 했다. 오로지 손님들의 반응만을 보기 위해서 별도로 마케팅활동도 하지 않았다. 심지어 그 흔한 플랜카드 홍보조차 하지 않을 정도였다.

이 기간 동안 박노진 대표는 스스로 손님들 반응에 일희일비하지 않기 위해서 아침에 장만 봐주고 가게를 떠나 전화로만 보고를 받았다. 사장의 반응에 직원들은 바로 눈치를 살피게 되고, 그것은 식당 전체 분위기에 좋지 않은 영향을 미치기 때문이다. 그렇게 6개월이 지나자 손님들이 서서히 찾아오기 시작했고, 6개월이 지난 어느 날 드디어 주차장에서 "이집 음식 맛있네"라는 손님의 이야기를 들을 수 있었다. 이제부터는 장사가 되겠다 싶었다.

대부분 식당 카운터에서 손님이 맛있다고 하는 것은 진심이 아니라고 한다. 주차장 같은 건물 밖에서 보이는 반응이 식당에 대한 진짜 평가인 것이다. 그렇기 때문에 음식에 대한 진짜 반응을 확인하기 위해서는 주차장이나 식당 밖에서 손님들이 하는 이야기에 귀를 기울여야 한다.

지금 박노진 대표는 외식 콘텐츠 전문가로 외부 환경의 영향, 마케팅 방법 개발, 트렌드 분석, 메뉴 개발 등 다방면에 대한 노하우를 가지고 한정식을 선도하고 있지만 식당이 자리잡기까지의 고민과 고통은 다른 식당 사장님들과 다르지 않았다. 그가 강조하는 점은 식당을 오픈했다면 가장 기본인 '음식'에 대한 반응이 올 때까지 기다려야 한다는 것이다. 1년까지 버틸 수 있는 자금이 있으면 좋겠지만 사정이 그렇지 못하더라도 최소 6개월은 음식에 반응을 하는 고객을 기다려야 한다. 손님들을 위해 진심을 다해 정성껏 준비한 음식이라면 조급해하지 말고 손님들이 알아봐줄 것이라는 믿음을 가지고 기다리라는 것이다.

손님들이 하나둘 찾아오기 시작한 다음부터 내부 시스템을 안정화

시켜나갔다. 식당만큼 사장의 손을 직접적으로 필요로 하는 사업은 없다. 하지만 그렇다고 사장 혼자 식당일을 모두 할 수는 없다는 것을 이전 식당을 하면서 뼈저리게 느꼈기 때문에 적재적소에 필요한 인원을 배치하는 데 각별히 신경썼다.

특히 박노진 대표 스스로 부족한 부분을 파악하고 그것을 보완해줄 수 있는 직원을 뽑았다. 음식에 대해 잘 몰랐기 때문에 전문가를 초빙해 메뉴 개발을 전담하도록 했고, 접객에 서툴렀기 때문에 손님들에게 친근하게 서비스를 제공하는 데 능숙한 사람을 홀 점장으로 스카우트했다. 전체 돈 관리는 꼼꼼한 아내에게 맡겼다. 박노진 대표는 사장으로서 해야 하는 일, 즉 장사에 대한 모든 책임을 맡았다. 예를 들면, 장사가 안될 때는 그 원인을 파악하고 돌파구를 연구해 직원들이 매출에 대한 부담 없이 자신의 업무에만 집중할 수 있도록 했다. 그리고 현금이 부족하면 자금을 구해왔다.

마실은 업무 분장에서부터 시스템화가 시작된 경우다. 마실보다 작은 규모의 식당이라 하더라도 확실하게 시스템을 만들 수 있는 방법이 있다. 해야 할 일을 홀과 주방 등 장소별로 모두 찾은 다음 일의 순서대로 나열한다. 그리고 순서를 몇 번에서 몇 번까지 세부적으로 나누어 직원별로 담당하는 것이다. 직원들은 자신이 어떤 영역의 어떤 일을 해야 하는지 정확하게 알아야 일을 남에게 미루지 않는다. 그러므로 식당 경영자가 해야 할 일은 일의 영역을 정의하고, 그 일을 직원들에게 적절히 분담하는 것이다.

마실을 만들어가면서 또 한 가지 중요하게 여긴 점은 '식당은 사람 중심의 비즈니스'라는 것이다. 함께 일하는 사람들과 서로 발전하는 방향으로 나아가기 위한 방법을 연구하고, 오래 함께 일하는 데 도움이 될 만한 사람들을 스카우트해오기도 했다. 내부 고객이라고 할 수 있는 직원들이 만족해야 외부 고객 역시 만족할 수 있기 때문이다.

직원들에게 무리하게 업무가 과중되지 않도록 최대 인원을 고용, 배치하고 안정된 일자리 보장을 위해 직원의 90%를 4대 보험에 가입시켰다. 제철 과일 같은 건강한 간식 제공 및 월 4회 휴가 등 다른 식당에서는 보기 힘든 복리 후생도 세심하게 챙겼다. 그리고 주방, 홀 등을 각각 팀으로 운영하면서 업무 관련 사항은 팀장하고만 상의하고, 직원들과는 편한 관계를 유지했다. 일주일에 한 번은 직원들을 직접 차로 퇴근시키고, 팥빙수 같은 간식도 함께 먹고, 자연스럽게 이야기를 나누며 친근한 관계를 다져나갔다. 물론 마실도 처음부터 이렇게 편안한 분위기였던 것은 아니다. 2006년 처음 마실을 인수해서 오픈했을 때부터 회의를 거듭하여 나온 내용들을 끊임없이 시도하고, 또 실패하면서 점차 발전시킨 결과이다.

이렇게 식당이 자리를 잡아가자 그동안 잘 몰랐던 음식에 대해서도 고민하고 실험하는 시간이 늘어났다. 계속되는 연구를 통해 서서히 음식에 대한 감을 잡으면서 2008년 퓨전한정식 마실을 '대박식당' 마실로 성장시키는 꿈을 박노진 대표 본인도 모르게 가슴에 품게 됐다.

9,900원짜리 한정식으로 대박을 터뜨리다

마실의 성장 포인트는 딱 한 가지다. 2008년 3월부터 판매한 9,900원 점심 특선 메뉴가 좋은 반응을 얻으면서 그 파급효과가 대박식당 마실을 만든 것이다.

사실 마실을 오픈한 지 9개월 만에 가격을 올린 적이 있었다. 장사가 계속 잘되자 자만심에 음식을 업그레이드하거나 변화를 주지도 않고 가격만 올렸던 것이다. 얼마 지나자 매출은 서서히 떨어지기 시작했다. 고객에게 더 큰 만족감을 주는 요소 없이 가격만 올린 것이었기 때문에 당연한 일이었다. 매출이 떨어지자 조급한 마음에 다음 해 8월 다시 한번 더 가격을 올렸고, 그때부터 마실의 매출은 곤두박질치기 시작했다. 이러다가 또 망하겠다는 위기감이 들었다. 그러던 중 우연히 점심시간에 한 대형 마트 내에 위치한 패밀리 레스토랑 앞을 지나다가 여성 손님들이 넘쳐나는 것을 보게 되었다. 박노진 대표는 그 이유가 궁금해 한 시간을 레스토랑 문 앞에 앉아 얼마나 많은 사람들이 오고가는지 지켜보았다. 그리고 식당 안으로 들어가 확인해보니 9,900원짜리 점심 메뉴를 시킨 고객들이 대부분이었다. 박노진 대표의 머릿속에는 '바로 이거다'라는 생각이 떠올랐다.

식당에 돌아오자마자 메뉴 개발자와 함께 9,900원 메뉴를 만들었다. 그리고 반대하는 직원과 아내의 반응도 뒤로 하고 2008년 2월 마지막 한

주 동안 9,900원 점심 특선 이벤트를 했다. 마실이 갖고 있던 손님 4,000명에게 문자를 보내 이벤트를 알렸고, 그주 점심 매출은 2배로 뛰었다. 일주일 동안 평소의 2배가 되는 손님들을 맞이한 직원들은 힘들어 쓰러질 지경이었고, 남는 것도 없는 9,900원 점심 특선 메뉴를 계속하면 일을 그만두겠다는 엄포까지 놓았다.

박노진 대표는 점심 특선을 계속 하고 싶었지만 자기 마음과는 달리 직원들의 강한 반대에 부딪히면서 많은 고민을 했다. 하지만 손님이 없어서 망하는 것보다 손님에게 퍼주고 망하는 게 낫겠다는 생각에 3월부터 9,900원 점심 메뉴를 실시했다. 결과는 연간 매출 50% 성장으로 대성공이었다. 매출이 오르자 그만두겠다는 직원들의 말은 쏙 들어갔다.

점심 특선이 성공하면서 그 파급효과로 점심시간에 온 손님들이 저녁에도 손님을 데리고 왔고, 그렇게 손님이 이어지면서 대박식당이 되었다. 그 당시에는 잘 몰랐지만 한정식의 경우, 전체 매출이 올라가면 원가는 일정 수준 이상 올라가지 않기 때문에 9,900원 점심 메뉴를 하면서도 이윤을 남길 수 있었다. 손님들의 입에서 '이렇게 퍼주고도 남느냐?'는 이야기를 들으면 그 집은 대박식당이 된다는 사실도 이때 알았다. 마실에서 9,900원 점심 특선상을 받은 손님들의 반응이 바로 이랬기 때문이다. 다른 식당이 가격을 올릴 때 가격을 내리는 방법으로 가격대비 만족도를 극대화시켜 손님들의 마음을 사로잡았던 것이다.

박노진 대표는 대박식당이 되려면 여러 가지를 잘하는 것이 아니라 몇 가지 요소를 선택하고 그것에 집중해야 한다고 말한다. 즉, 아래 5가

지 중 2가지만 잘해도 성공한다는 것이다.

- 가격대비 만족도

- 서비스

- 품질

- 입지(자리)

- 콘셉트(인테리어)

예를 들면, 마실은 입지가 구석진 대신 인테리어가 카페처럼 잘되어 있었다. 입지와 인테리어 중 하나를 선택해 상황에 맞춰 준비해야 한다. 자본금이 부족해 입지가 좋지 않은 곳을 선택할 수밖에 없다면 인테리어에 집중하고, 입지가 좋은 곳이라면 인테리어는 비교적 간단하게 마무리한다. 각자의 상황에 맞게 입지와 인테리어 전략을 결정한 다음, 나머지 3가지 요소인 가격대비 만족도, 서비스, 품질 중에서 자신이 잘할 수 있는 것을 파악하고 그 한 가지를 집중적으로 공략한다. 우선 마실은 차를 마시러 찾아오는 손님이 있을 정도로 좋은 원목을 사용한 인테리어 효과가 컸다. 그리고 9,900원 점심 특선으로 가격대비 만족도를 극대화시켰다. 또 조미료를 사용하지 않고, 오늘 판매하는 음식은 그날 만든다는 고객과의 약속을 지키면서 음식의 품질을 높였다. 인테리어, 만족도, 품질이 3가지에 집중한 것이 마실이 성공할 수 있었던 이유다.

9,900원 점심 특선 메뉴는 박노진 대표가 식당에 대해 생각하고 공부했던 간절한 마음과 노력이 좋은 상황을 만나 아이디어로 분출되면서 결실을 맺은 히트 상품이다. 아직도 본인이 만들었다는 것이 실감나지 않는다고 할 정도로 그 반응이 폭발적이었다. 박노진 대표는 식당을 하려면 하루종일 식당만 바라보고, 식당을 위해 고민할 각오로 시작해야 한다고 당부한다. **마·실**

컨설팅도 메뉴 개발도 마실이 하면 다르다

외식 컨설팅, 안되면 될 때까지!

2008년 겨울은 마실이 대박식당으로 이름이 알려지면서 계속 매출이 오르고 있던 때였다. 박노진 대표는 식당 대표 모임에 참석 중이었는데 참석자 중 한 사람이 '장사가 안되니 주변 모든 사람들이 권리금도 안 주고 가게를 거저먹으려고 한다'며 하소연을 했다. 박노진 대표는 장사가 안될 때의 심정을 누구보다 잘 알고 있었기에 추후 그 식당을 방문해서 마실에 적용했던 방법들을 조언해주었다. 다행히도 박노진 대표의 조언이 효력을 발휘해 식당 매출이 올랐고, 계속해서 가게를 유지할 수 있었다.

그렇게 비공식적으로 컨설팅한 식당이 첫번째로 성공을 거두었다. 첫

번째 식당을 실패한 경험이 있고, 마실도 오픈 초기에는 고생이 심했기 때문에 박노진 대표는 매출이 절박한 식당 대표들을 만나면 그냥 지나치지 못한다. 자신 역시 많은 사람들의 도움으로 지금의 자리에 있을 수 있었다고 생각하기 때문에 자연스럽게 조언을 하다가, 본격적인 컨설팅으로 이어지게 되었다. 초기 컨설팅 성공률은 50% 정도였고, 현재는 70% 이상으로 운영에 어려움을 겪는 많은 식당들에 도움을 주고 있다.

"기존의 프랜차이즈는 돈만 내면 오픈할 때까지 모든 것을 점주가 직접 하지 않고 본사가 대신해줍니다. 점주는 준비가 될 때까지 손놓고 있다가 3일 정도 고기 굽는 방법, 커피 내리는 방법 등의 교육을 대충 받습니다. 그래서 사람들은 유명한 프랜차이즈 식당은 오픈만 하면 돈을 번다고 생각하지요. 모든 음식점이 마찬가지겠지만 프랜차이즈 역시 본인이 하는 업종에 대해 정확하게 알아야 합니다. 고깃집이라면 고기 다루는 법, 김밥집이라면 김밥 만드는 방법 등 주방과 음식에 대한 실무를 많이 알아야 하죠. 두번째는 6개월에서 1년 정도는 버틸 수 있는 자금, 자금이 없다면 마음가짐이라도 있어야 합니다. 1년 안에 망하는 식당은 음식이 맛이 없거나, 식당을 유지할 만한 자금이 없는 경우라고 볼 수 있습니다."

박노진 대표는 외식창업을 '어떻게' 해야 하는지 방법을 알려주는 것에 그치지 않고, '어떻게'를 실현할 수 있는 '구체적인 실행'까지 함께하면서 시행착오를 잡아나간다. 흔히 말하는 무엇을, 어떻게 하면 되는지 방법만을 제시해주는 컨설팅이라면 누구나 쉽게 할 수 있다. 하지만 결과물이 나올 때까지 옆에 붙어서 시행착오를 함께 풀어가는 것은 쉬운 일이 아니다. 될 때까지 옆에 붙어 있기 때문에 컨설팅 성공률이 높은 것이라는 우스갯소리를 하기도 하지만, 바로 이것이 박노진 대표가 다른 컨설턴트들과 차별화되는 이유다. 그렇다면 상황도, 절박함도 각기 달랐던 식당들을 어떤 방법으로 재기에 성공시켰는지 컨설팅 사례를 들어보자.

첫번째 사례는 경기도 안성시에 위치한 '종갓집'이라는 고깃집을 한정식전문점으로 전환한 경우이다. 한우와 돼지갈비가 주메뉴인 '종갓집'은 일흔이 넘은 할머니 사장님이 운영하는 읍내에 위치한 작은 식당이었다. 원래 의뢰했던 사항은 점심으로 판매하는 1만 원짜리 한정식을 마실의 한정식처럼 잘 다듬어달라는 것이었다. 그런데 점심 메뉴가 정돈되고 나니 고깃집인데도 고기를 찾는 손님은 줄어들고, 한정식을 먹으러 오는 손님이 점점 늘어났다.

이 상황을 지켜본 박노진 대표는 한정식으로만 식당을 운영해보면 어떻겠느냐고 제안했다. 물론 고기를 메뉴에서 빼면 매출이 떨어지는 것은 감안해야 하지만 승부수를 던져도 충분히 승산이 있을 것 같았다. 사장님은 갑작스러운 변화가 부담스러우셨는지 우선 거절하셨다. 그런데 리뉴얼한 점심 메뉴가 자리잡아가자 고기를 함께 취급하는 것이 힘들어졌고 결국 한정식으로만 운영하고 싶다고 먼저 요청을 해오셨다.

주메뉴를 고기에서 한정식으로 전환하기 위해 메뉴 분석 및 리뉴얼 작업에 돌입했다. 박노진 대표는 점심에 이어 저녁에도 1만 원 메뉴를 판매하면 원가 부담이 많으니 없애고, 대신 1만 3천 원짜리 메뉴를 새롭게 만들자고 제안했다. 하지만 종갓집 사장님은 간단한 저녁식사로 1만 원짜리 메뉴를 먹으러 오는 손님이 많은데 없애면 저녁시간 손님을 놓칠 수 있다며 반대했다. 이에 박노진 대표는 오는 손님만 제대로 잡자고 설득했다. 그리고 저녁 메뉴를 1만 3천 원, 1만 5천 원 2가지로 구성하면 어떻겠느냐고 제안했다. 사장님은 그래도 가격이 비싸다고 생각하셨는지 이번에는 1만 3천 원에서 1천 원 내린 1만 2천 원으로 하자고 주장하셨다. 박노진 대표는 가격이라는 것이 내리기는 쉽지만 올리기는 힘들기 때문에 처음에 올릴 만큼 올리고 대신 그 가격만큼 손님들에게 더 좋은 음식을 푸짐하게 대접하면 된다고 설득했다. 메뉴 리뉴얼을 하는 보름 동안 수많은 의견 충돌 속에서 박노진 대표는 자신의 경험을 믿고 끝까지 의견을 관철시켰다. 그리고 그렇게 종갓집의 새로운 메뉴가 확정됐다.

새 메뉴에 대한 고객들의 반응은 빨랐다. 저녁뿐만 아니라 점심에도 1만 3천 원 메뉴를 시키는 사람들이 점점 늘어났다. 가격은 기존에 있던 식사 메뉴 1만 원과 1만 5천 원의 중간이면서도 충분히 푸짐하게 먹을 수 있으니 점심, 저녁 구분 없이 판매가 좋았다. 그렇게 이익은 원래 고기를 팔 때와 비슷한 수준으로 올라갔다. 왜냐하면 고기의 원가율은 50%, 한정식의 원가율은 30% 정도이기 때문에 고깃집을 할 때와 비교해서 원가는 줄어들고, 수익은 훨씬 늘어났기 때문이다.

두번째 사례는 고기와 한정식을 겸하는 '홍성한우본'으로 식당이 위치한 지리적 요소와 공간적 장점을 잘 살린 경우이다. 홍성 나들목과 가까운 지리적 특성을 살려 안면도로 가는 관광객의 발길을 잡았다. 그리고 위치는 외지지만, 음식점 공간 자체는 넓었기 때문에 소규모 잔치 손님들을 끌어들였다.

사실 홍성한우본은 두 번의 컨설팅을 거쳤다. 두번째 컨설팅을 하기 전, 한우본 사장님은 박노진 대표가 컨설팅해준 한정식 메뉴를 자기 생각대로 많이 바꿔서 판매하고 있었다. 즉, 손님의 입장이 아닌 제공자 입장만을 생각한 것이다. 한우본은 손님들에게 나가던 음식들을 점점 줄였다. 먼저 반찬 가짓수와 양을 줄였고, 주방에서 힘들다고 하는 메뉴는 팔지 않았다. 뿐만 아니라 계속 판매하는 음식 레시피도 자주 바꿨다. 원래는 갈비가 들어가야 하는데도 등심을 넣거나, 돼지고기를 넣어야 하는 음식에 아예 고기를 넣지 않는 등 손님의 만족도는 전혀 생각하지 않고 제공자가 편한 대로만 음식을 만들었다. 당연히 손님들은 제대로 된 음식을 대접받는다는 느낌을 받기 어려웠다.

박노진 대표는 필리핀 마닐라에서 전수창업 컨설팅을 받으러 온 사람에게 고깃집에서 한정식 메뉴를 겸하는 사례를 보여주기 위해 한우본을 방문했다가 이런 사실을 알게 됐다. 당시 한우본의 상차림은 정말 형편없어서 함께 간 사람에게 미안할 정도였다. 한우본의 상황을 보고 온 다음 얼마 지나지 않아 매출이 계속 떨어진다며 다시 컨설팅을 해달라는 의뢰를 받았다.

박노진 대표는 1년이란 시간을 두고 3가지 포인트로 손님들을 서서히 늘려나갔다. 첫번째로, 점심 손님 잡기에 돌입했다. 점심 특선 메뉴인 '등심 정식'을 리뉴얼해서 고기의 양을 줄이되, 가격은 낮추고 반찬과 사이드 메뉴를 추가로 구성해서 만족도를 높였다. 기존에는 고기와 밥을 각각 따로 시켜서 먹어야 했지만, 메뉴를 리뉴얼하면서 고기와 한정식을 하나의 메뉴로 묶어 '갈비 정식' '돼지갈비 정식'으로 이름 붙인 것이다. 예를 들면, 기존의 한우 1인분이 180g이었다면, '한우 정식'은 1인분에 고기 130g이 나온다. 고기의 양은 50g 덜 나오지만 대신 밥을 따로 시키지 않아도 한정식이 한상차림으로 푸짐하게 차려진다. 샐러드바도 따로 만들어 고객들의 만족도를 더욱 높였다.

두번째로, 잔치 공간으로 특화시켜 주말 손님을 모았다. 한우본은 가게 규모가 크고 건물 외관이 좋았다. 뷔페에 가기에는 인원이 적고, 그렇다고 일반 식당에 가는 것은 아쉬운 가족 단위 손님들에게 독립된 공간과 7만 원이란 저렴한 가격에 잔치를 위한 모형 상차림과 사진 촬영권을 함께 제공했다. 식당 건물의 특색을 살리면서 돌잔치나 칠순 같은 15~20명

내외의 소규모 가족 행사를 지원했더니 주말 손님들의 반응이 폭발적이었다.

　세번째로 홍성 나들목 부근에 위치한 지리적 특성을 살려 안면도로 가는 도중 식사를 하려는 손님들을 잡았다. 일단 서울에서 안면도로 가는 관광객들에게 '안면도 맛집'이란 키워드로 인터넷 마케팅을 했다. 사실 한우본은 서울에서 40km 떨어진 곳에 위치하지만 어차피 관광객들에게는 목적지로 향하는 길목이기 때문에 실제 거리는 크게 중요하지 않았다. 한우본은 지금 유명한 안면도 맛집으로 자리잡았다.

　현재 한우본의 매출은 컨설팅 전과 비교해서 250% 상승했다. 두 번의 컨설팅을 거친 이 사례를 통해 아무리 좋은 컨설팅을 제공하더라도 식당 대표가 절실함을 가지고 실천하지 않으면 성공으로 이어질 수 없다는 것을 알 수 있었다. 박노진 대표는 식당 실패 경험뿐만 아니라 마실을 운영하면서 많은 위기를 극복해왔기 때문에 시행착오를 줄이고 성공할 수 있는 확률이 높은 방법들을 제안할 수 있는 것이다.

　세번째 사례는 마실 상계동 노원점으로 기본에 충실한 아이템 선정으로 고객들의 반응을 얻은 경우다. 마실 상계동 노원점은 120평 규모의 식당을 2천만 원 권리금에 인수해서 시작했다. 원래는 좋은 입지라고 볼 수 있는데 전에 있던 한정식 식당이 실패하고 나간 터라 권리금이 싼 편이었다. 그만큼 좋지 않은 장소라는 인식이 커서 주변의 우려도 많았다.

　하지만 마실이 가진 장점과 노원점 사장 부부의 노력이 뭉쳐져 서울에서 유명한 대박식당이 되었다. 성공할 수 있었던 비결은 기본에 충실한 음식으로 가격대비 맛에 대한 만족도가 높았기 때문이다. 무엇보다 그 지역에 퓨전한정식집이 없었기 때문에 인근 소비자에게 큰 반응을 얻을 수 있었다. 수요와 공급이 적절히 맞아떨어졌던 것이다. 결과적으로는 이 사례로 식당의 아이템 선정이 얼마나 중요한지 깨닫게 되었다. 입지가 좋지 않다는 것은 단지 이전 식당이 잘되지 않았기 때문에 나온 이야기였을 뿐이다. 뿐만 아니라 식당 경영자로서 마실 상계동 노원점 사장 부부의 자세가 좋았기에 성공할 수 있었다. 식당을 처음 운영하는 초보 사장이었지만 오픈 후 1년 동안 단 하루도 쉬지 않고 식당 운영에 혼신의 힘을 다했다. 살이 10kg이나 빠질 정도로 일했으니 식당이 잘되는 것은 당연한 일이다.

2009년 2월 계양점을 시작으로 처음 마실 전수창업점이 생긴 이후, 2012년 기준으로 전국에는 25개의 마실 전수창업점이 있다. 박노진 대표는 마실이 대박식당으로 거듭나면서 프랜차이즈화하고 싶다는 마음은 있었지만 구체적인 방법은 몰랐다. 그러던 중 자신의 노하우를 다른 사람들과 나누고자 하는 마음에서 시작한 컨설팅이 프랜차이즈 사업의 물꼬를 터주었다. 컨설팅을 의뢰한 사장님들 중에서 전수점을 하고 싶다는 분들이 생기면서 자연스럽게 프랜차이즈 사업으로 연결된 것이다. 그래서 마실의 전수점은 본사에서 제공하는 재료를 가지고 조리만 하는 기존의 프랜차이즈와는 개념이 다르다. '전수창업형' 프랜차이즈라는 표현이 더 정확하다. 모든 정보를 전수점과 공유할뿐만 아니라 한 달에 한 번 신메뉴 전수 교육과 함께 레시피를 전달한다. 또 1년에 두세 차례 워크숍을 통해 빠른 환경 변화에 대처할 수 있도록 경영, 마케팅, 트렌드, 법률에 이르기까지 식당 운영에 필요한 정보를 다방면에 걸쳐 세세하게 전달한다. 가장 중요한 음식 관련 교육은 레시피는 물론이고 음식을 담는 방법, 상을 차릴 때 음식 간의 색이 조화를 이루도록 그릇을 배치하는 방법까지 세세히 교육한다. 손님들이 처음 상을 받았을 때 첫인상을 사로잡을 수 있도록 하기 위해서이다. 교육 후에도 지속적으로 방문하거나, 손님들이 올린 블로그 후기 사진을 보고 교육받은 대로 손님들에게 제공하고 있는지 정기적으로 관리한다. 작은 것이라도 잘못된 부분이 있으면 수정 사항을 전달해서 원래 상차림대로 나올 수 있도록 돕는다. 이렇게 마실은 전수점들이 본사에서 개발하는 음식을 팔아서 돈만 버는 것이 아니라 식당을 통해 함께 성장할 수 있도록 여러 지원을 아끼지 않는다.

박노진 대표의 최종 바람은 모든 마실 전수점들이 안정된 매출을 올리는 것은 물론이고, 한발 더 나아가 마실을 운영하면서 얻은 노하우와 실행력을 바탕으로 각 전수점들이 자신만의 독자적인 브랜드를 탄생시키는 것이다. 실제로 서울 상수역점의 경우 자체 브랜드로 '부지깽이'라는 떡갈비집을 만들어서 새롭게 오픈했다. 부지깽이처럼 자신만의 브랜드를 만들어 독립한 전수점도 필요하면 마실의 교육이나 한정식 콘텐츠를 원하는 형태로 제공해줄 계획도 있다. 이제 박노진 대표는 식당을 할 생각이 있다면 마실 전수점으로 머물 것이 아니라 제대로 배우고 익혀서 본인만의 브랜드를 만들 각오로 시작하기를 권한다. 박노진 대표는 "자기를 넘어서는 제자를 만들어내지 못한 스승이 제일 못난 스승이다"라는 말을 빌러 자신보다 더 뛰어난 외식 경영자가 나타나기를 기대한다.

개인 식당 최초의 메뉴 개발실

처음 마실에서 메뉴 개발실을 만든 이유는 새로운 메뉴를 개발해야 하는데 요리에 대한 지식이 전혀 없다보니 전문가에게 의뢰할 필요가 있었기 때문이다. 마실의 타깃 고객인 여성 손님들은 늘 새로운 메뉴, 집에서 만들 수 없는 메뉴를 선호하는데 기존 한정식집에서 고정적으로 볼 수 있는 메뉴에서 벗어나기가 쉽지 않았다. 그래서 마실은 대기업이 아닌 개인이 운영하는 식당에서는 볼 수 없었던 메뉴 개발실을 탄생시키고, 기존 한정식 메뉴에서 벗어나 매달 새로운 메뉴를 선보였다. 한 달에 한두 번씩 마실을 찾는 고객들은 올 때마다 신메뉴가 출시되어 있으니 관심을 보일 수밖에 없었다.

박노진 대표는 일주일에 적어도 한 번, 많게는 서너 번을 벤치마킹을 위해 다른 음식점을 찾는다. 각 식당과 주변 상황을 살피면서 최신 외식 트렌드를 수집하고, 이렇게 모은 트렌드와 아이디어가 만나 하나의 상품 개발로 이어진다. 마침 그때 메뉴 개발 의뢰나 개발 과제가 있을 경우, 메뉴 개발팀 직원과 머리를 싸매고 아이디어를 낸다. 보통 10개의 아이디어를 내서 1차 검증으로 5개를 추려내고, 2차 검증을 통해 2개의 메뉴만 뽑아 샘플 테스트로 직접 만들어본다. 하나의 신메뉴를 탄생시키기 위해

8~9개의 아이디어가 탈락되는 것이다.

이렇게 개발한 신메뉴를 평가하는 가장 큰 요소는 가격대비 만족도다. 물론 손님들에게 제일 먼저 선보이고 반응을 살피는 것이 중요하지만 아무리 맛이 좋고 손님들의 반응이 폭발적이어도 원가가 평균보다 높을 경우에는 정식 메뉴에서 과감히 탈락시킨다. 누구나 구하기 쉬운 재료로 만족도가 높은 메뉴를 개발하는 것이 마실의 철칙이기 때문이다.

5년이 넘도록 여성 고객들의 입맛에 맞는 다양한 메뉴를 개발하면서 배운 것은 소스의 중요성이었다. 여성들이 선호하는 맛은 상큼한 맛, 달콤한 맛, 담백한 맛이다. 이런 여성들의 기호를 만족시키기 위해서 요리에 소스를 사용할 때는 상큼하고, 달콤한 맛을 내기 위해 노력했고, 나물은 담백하게 무쳐냈다.

음식을 먹을 때는 눈으로 70%, 입으로 20%, 코로 10% 먹는다고 한다. 눈으로 먹는 비율이 가장 크기 때문에 색상의 조화까지 고려해서 음식을 만들었다. 처음 메뉴를 개발할 때는 몰랐지만 경험이 쌓이다보니 음식 간의 색상 조화가 상차림 전체 인상에 영향을 미친다는 것을 알게 되었기 때문이다. 또한 색상의 조화뿐만 아니라 그릇 모양과 요리의 질감까지 세심하게 살펴서 주변 음식과 겹치지 않도록 해야 손님들의 눈길을 사로잡을 수 있다.

음식 색깔에 따라 상차림을 구성하는 것은 마실 전수점에서 실제 음식이 나오는 것을 보다가 떠오른 아이디어였다. 붉은 계열 음식 3개, 흰색 계열 음식 2개가 연달아 나란히 나왔는데 상차림이 단조롭고 성의 없게 보였다. 그래서 음식을 색깔별로 구분한 다음 청, 적, 황, 백, 흑의 오방색 기준으로 정리하고 상차림의 배치를 다듬었다. 음식의 70%를 눈으로 먹기 때문에 화려한 색채의 음식이 나오면 사람은 바로 '맛있겠다'라고 느낀다. 일단 이런 느낌을 받은 다음, 입에 넣으면 향과 함께 맛이 전달되면서 실제로도 맛있다고 느끼게 되는 것이다.

또한 메뉴 개발을 하면서 그릇 배치의 중요성도 깨달았다. 음식에는 개별 요리와 모둠 요리가 있는데 개별 요리는 한 사람당 한 접시씩 나가는 음식이고, 모둠 요리는 한 접시에 모두 담아서 나가는 음식이다. 이렇게 음식의 형태에 따라 개별 요리는 작은 사이즈의 사각 접시에 담고, 모둠 요리는 큰 사이즈의 둥근 접시에 담아냈다. 또 메인 메뉴와 사이드 메뉴의 상차림을 달리 했다. 예를 들어 보쌈이 메인 메뉴로 나가면, 나머지 음식들은 가장자리에 배치하는 형식을 갖췄다. 간혹 몇 가지 메인 메뉴를 큰 구별 없이 한상에 차리는 식당이 있는데 이런 경우 손님들이 무엇을 먹었는지 잘 기억하지 못한다. 메인 메뉴라면 손님들이 잘 기억할 수 있도록 차림새를 만들어내는 것도 식당이 반드시 해야 할 일이다.

이렇게 마실은 음식의 색채와 그에 따른 배치를 연구하고, 개별 요리와 모둠 요리, 메인 메뉴와 사이드 메뉴와 같이 메뉴의 특성에 맞는 그릇의 형태와 색상을 조합해 아름다운 상차림을 차려낸다. 예를 들면, 원재료의 색감이나 담긴 모습을 더 생생하게 잘 표현하기 위해 주로 흰 그릇에 음식을 담아내는 것이 보통이다. 그렇다고 흰 그릇만 사용하면 단조로운 느낌이 들기 때문에 초록색, 황토색 등 어울리는 유색 그릇을 사용하여 상차림을 완성한다.

마실은 손님들에게 첫선을 보이는 요리를 만들어오면서 수많은 시행착오를 겪었지만, 지금은 그것들이 모두 마실만의 노하우로 쌓였다. 예를 들면, 보쌈이란 메뉴는 집에서도 직접 삶아먹을 수 있는 간단한 요리지만 돈을 내고 먹는 손님들에게 선보이기 위해서 작은 것 하나도 소홀히 하지 않았다. 우선 고기를 삶는 육수의 맛을 일정하게 유지하기 위해서 육수 만드는 레시피를 표준화시켰다. 그리고 고기의 어떤 부위를 사용해야 맛과 모양, 이 2가지를 모두 만족시킬 수 있을지 연구하고 실험했다. 뿐만 아니라 일단 삶은 고기를 최대한 식지 않고 윤기 나는 상태로 유지할 수 있는 방법을 개발했다. 이렇게 남들은 생각하지 못했던 세세한 부분까지 보완하려고 노력했고, 기존에 참고할 만한 자료가 없는 상황에서 직접 시행착오를 겪어가며 이뤄냈다. 이렇게 만들어진 노하우들이 컨설팅을 시작하면서 더욱 전문화되어 지금 마실만의 한정식 콘텐츠로 탄생할 수 있었던 것이다.

메뉴 개발실은 외식전문기업 마실의 핵심 콘텐츠가 나오는 곳으로 현재는 법인으로 전환하여 각 분야별로 전문화했고, 독립적인 사업 영역을 개척 중에 있다. 마실의 메뉴 개발실은 신메뉴 개발을 기본으로 컨설팅 의뢰가 들어오면 전수창업을 돕고, 전수점들의 관리와 교육을 진행하면서 시스템을 갖춰나갔다. 메뉴 개발을 하면서 컨설팅을 하고, 전수점에 메뉴에 대한 내용을 전달해야 하기 때문에 업무 영역이 자연스럽게 확장된 것이다. 이제는 메뉴 개발실에서 신메뉴 레시피를 완성하면, 각 전수

점에 배포하기 위해 80% '표준화된 맛'을 잡는다. 80%인 이유는 각 전수점마다 조리하는 사람에 따라 양념을 더 하거나, 덜 하더라도 원래의 맛을 유지할 수 있도록 하기 위해서이다. 그외에도 전수점마다 별도로 의뢰하는 특화 메뉴 개발에서부터 식당을 운영하기 위해 반드시 알아야 하는 기본 교육과 교육 후 피드백, 그리고 지역사회와 연계하여 향토 메뉴를 개발하는 일 등 외식업과 관련된 다양한 업무를 맡고 있다.

박노진 대표가 마실이란 개인 식당으로 시작해 프랜차이즈 사업에 대한 아이디어를 내고, 비즈니스 모델을 연구하고, 실행으로 옮기기까지 첫 번째 식당에서의 경험을 포함해 6~7년이라는 긴 시간이 걸렸다. 그 시간 동안 박노진 대표가 몸소 깨달았던 것은 '공부하는 식당만이 살아남는다'는 사실이었다. 그래서 오늘도 만나는 식당 사장님들께 박노진 대표는 말한다. "공부하는 식당만이 살아남는다"고.

마실 한식 콘텐츠의 핵심은 '나눔'이다

'한식'이라는 콘텐츠는 '마실'이라는 브랜드를 내세우지 않아도 오리고기나 돼지갈비 같은 메인 메뉴에서 충분히 드러나고, 메인 메뉴가 아닌 사이드 메뉴로도 얼마든지 나타낼 수 있다. 한정식 한상차림으로 메뉴를 구성하거나, 아예 신메뉴를 개발해서 마실이 가지는 독자적인 소프트웨어를 제공할 수 있기 때문이다. 사실 여기서 한정식 메뉴는 마실만의 독

보적인 한식 콘텐츠이다. 하지만 마실은 그동안 쌓은 한정식에 대한 노하우나 정보들을 '브랜드'란 명목으로 쥐고 있는 것이 아니라 자유롭게 공유하는 것을 지향한다. 마실 전수점 대표들이나 컨설팅을 의뢰하는 식당 사장님 본인들의 꿈이나 비전을 이뤄가는 데 마실의 시스템과 노하우가 밑거름이 될 수 있기를 바라기 때문이다.

박노진 대표가 생각하는 한정식의 장점은 다양한 아이템과 접목해서 응용할 수 있는 범위가 넓다는 것이다. 예를 들어 고깃집에 있는 고기 정식은 고기와 그에 어울리는 한정식을 묶어 하나의 메뉴로 탄생시킨 것인데 고깃집에 술을 마시러 오는 손님들이 식사도 함께하기를 원하는 경우가 많기 때문에 그에 대비하여 개발한 것이다. 마실이 추구하는 한정식은 기본적으로 '한 끼 식사'라는 틀은 갖추되 구성은 기존보다 훨씬 가볍게 해서 각 식당의 메인 아이템과 조화를 이루며 그 맛을 더 살려주는 역할을 하는 것이다. 이렇게 하면 각 식당의 메인 메뉴는 그대로 유지하면서, 추가로 손님들이 부담 없이 찾는 사이드 정식 메뉴를 만들 수 있다. 바로 이것이 한식의 포인트인 것이다.

"컨설팅 홍보를 할 때, 점심 매출을 2배 올리고 싶으면 저에게 오라고 합니다. 실제로 점심 매출이 늘어나면 모든 것이 수월해지기 때문입니다. 올해 메뉴 리뉴얼을 총 5곳 했는데 모두 성공적이었습니다. 오픈 후 3~4개월 후부터 안 좋아진 식당도 있었고, 2년 정도 잘 운영하다가 나태해지는 바람에 안 좋아진 곳도 있었는데 모두 메뉴 리뉴얼을 통해서 매출이 향상됐습니다."

박노진 대표가 시장에서 승자가 될 수 있었던 것은 계획한 대로 일이 잘 풀렸기 때문이다. 마치 야구 경기를 할 때, 감독이 의도한 대로 선수들이 경기 운영을 했을 뿐인데 높은 승률을 얻게 되는 것처럼 말이다.

"이 일을 하면서 가장 아쉬운 점은 내 생각과 상대방의 생각이 서로 다를 때는 어떻게 할 방법이 없다는 것입니다. 서로 의견 일치가 되지 않을 때 결과가 안 좋았던 경우가 더 많기 때문입니다. 제가 이 분야에 경험이 많고, 다양한 사례를 봐왔기 때문에 성공 가능성에 대한 예측도 더 정확하게 할 수 있습니다. 그래서 더 나은 결과를 얻을 수 있음에도 서로 의견이 달라 제가 손을 쓸 수 없는 경우가 있습니다. 그럴 때는 안 좋은 결과를 볼 수밖에 없습니다. 어느 정도 비용을 지불하고 컨설팅을 받았으면 일정 수준의 매출을 올리는 것이 당연하다고 생각할 수 있겠지만 사실 매출은 어느 누구도 장담할 수 없습니다. 그래서 제가 제안한 컨설팅을 제대로 실행하기만 하면 일정 금액의 매출은 장담할 수 있는 비즈니스 모델을 만들어가고 싶습니다."

박노진 대표는 앞으로 외식 경영 전문 작가라는 새로운 도전을 준비하고 있다. 외식 컨설팅으로 더 많은 사람들에게 도움을 주고 싶기 때문이다. 외식 경영인은 필연적으로 다른 식당과의 경쟁 속에서 살아남기 위한 방법을 끊임없이 연구해야 하는데, 효과적인 컨설팅을 하려면 객관적인 시각으로 시장을 바라보는 것이 필요하기 때문이다. 외식업의 현장 상황, 앞으로의 흐름 및 발전 방향을 글로 써서 더 많은 사람들이 손쉽게 정보를 얻을 수 있도록 하고, 책과 연결한 교육 프로그램 등을 개발할 계획도 가지고 있다.

박노진 대표의 꿈은 여기서 끝이 아니다. 외식업에 종사하는 사람들이 궁극적으로는 자기 가게를 오픈하고, 제대로 운영할 수 있도록 교육하는 레스토랑 스쿨과 현재 마실에서 하고 있는 전수창업 비즈니스를 음식과 운영 방법뿐만 아니라 '나눔'이라는 가치관에까지 확대한 '해피데이' 착한 가게 프로젝트를 계획하고 있다. 또 이태리 코스 요리를 한정식으로 재해석한 '파스타 한상차림'을 만들어 한식의 세계화에 기여하는 것까지 외식업의 발전을 위한 다양한 기회를 계속 만들어나갈 것이다. **마실**

건강한 외식전문기업을 꿈꾸다

외식업은 항상 블루오션이다

대한민국에 식당이 넘쳐나는데 외식업이 블루오션이라는 말은 무슨 의미일까? 박노진 대표는 외식업이야말로 기본만 제대로 지키면 어느 분야보다 정직하고 빠른 결과를 얻을 수 있다고 한다. 외식업을 태풍에 비유하자면, 운영이 어려운 식당들은 환경의 영향을 많이 받고 위태로운 태풍의 가장자리, 즉 레드오션이다. 반면 전체 식당의 10%에 해당하는 대박식당은 안정적이고 고요한 태풍의 핵, 즉 블루오션이라 할 수 있다. 이 '태풍의 핵'은 경기가 좋아지면 가장 빨리 그 흐름을 타고 올라가고, 경기가 나빠지면 가장 늦게 영향을 받는다. 이것은 대박식당이 그만큼 다양한 고객

층을 확보하고 있기 때문이다.

앞에서도 이야기했지만 대박식당이 되기 위해서 모든 것을 다 잘할 필요는 없다. 차별화에 필요한 5가지 요소인 가격대비 만족도, 서비스, 품질, 입지, 콘셉트 중 2가지만 제대로 해도 성공한다. 사실 이것보다 더 쉬운 방법이 있다. 내 가족이 먹을 음식이라고 생각하고 좋은 재료를 쓰고, 오늘 판매할 음식은 오늘 만든다는 가장 기본적인 사항을 목숨처럼 생각하고 지키는 것이다. 바로 이 기본을 지키지 않기 때문에 전국의 70% 식당들이 문을 닫는다. 그렇다면 왜 지키지 않는 것일까? 식당은 다른 업종에 비해 비교적 시작하기가 쉽다. 그렇다고 운영까지 쉬운 것은 아닌데 처음 식당을 시작하는 사람들은 이 사실을 간과하는 것이다. 절박한 마음

없이 되는 대로 운영하다보니 여유 자금도 없고, 1년을 기다리자는 마음 가짐도 없다. 게다가 기본도 지키지 않으니 식당은 망할 수밖에 없는 것이다.

그래서 박노진 대표는 식당을 창업한다면 다음의 3가지 기본 마인드는 반드시 지키기를 당부한다. 이 3가지만 지켜도 평균 이상의 식당을 운영할 수 있다.

첫번째, 손님에게 음식을 아끼지 마라. 대부분의 대박식당이 갖는 공통점 중 하나는 방문했던 손님들 중 상당수가 밥을 먹고 나가면서 지불한 돈 이상의 대접을 받았다는 느낌을 안고 간다.

두번째, 오지 않는 손님을 찾으러 나가지 말고 오는 손님을 잘 관리하라. 새로운 손님을 끌어모으기 위해 전단지를 만들거나, 홍보 행사를 하는 등의 비용, 시간, 노력을 쓰기보다는 식당에 찾아 온 손님을 더 나은 음식과 서비스로 만족시켜 계속 오게 만드는 게 훨씬 효과적이다.

세번째, 음식의 맛을 일정하게 유지하라. 올 때마다 맛이 달라지면 아무리 맛있어도 식당에 대한 신뢰는 떨어지기 마련이다. 누가 만들어도 똑같은 맛을 낼 수 있도록 레시피를 공유하고 그대로 음식을 만들어야 한다.

또한 외식업 역시 시대의 흐름을 탈 수밖에 없는 분야이다. 앞으로 30~40년 동안 식당을 한다면 그 누구도 피할 수 없는 메가 트렌드의 흐름을 타야 외식업의 블루오션으로 살아남을 수 있다. 메가 트렌드의 3가지 요소는 노령화 사회, 로하스/웰빙, 여성의 사회 진출이다.

박노진 대표도 이 메가 트렌트를 연구하여 마실의 차별화 요소 3가지를 만들었다. 바로 로하스/웰빙, 가격대비 만족도, 착한 가게 콘셉트이다.

메가 트렌드 중 '노령화 사회'는 사실 마실과 어울리는 테마가 아니었다. 일단 주고객이 나이 드신 분들이 아니었고, 가끔 오신다고 하더라도 저렴한 메뉴를 찾으셨기 때문이다. 본인이 음식값을 지불하는 것이 아니라 자식이나 동행한 사람들이 내기 때문에 메뉴 선택을 신중하게 하는 것이다. 반면 여성 소비자에게 마실의 음식과 서비스는 잘 맞았다. 저녁보다 점심, 술보다 밥, 맛보다 차림새, 광고보다 입소문에 주력하면서 여성 손님들의 마음을 사로잡았다. 이렇게 여성 중심의 트렌드에 맞추다보니 안전한 재료를 사용하고, 조미료를 사용하지 않고, 신선한 음식을 제공하게 되면서 자연스럽게 '로하스/웰빙'이라는 메가 트렌드의 흐름을 타게 됐다.

'가격대비 만족도'는 마실을 성공으로 이끈 9,900원 점심 메뉴로 실현이 가능했다. 90년대 일본이 불황이었던 시기에 살아남은 음식점들이 선택한 전략이 바로 '고품질 저가격' 정책인데, 이것은 외식업의 자연발생적인 현상이라고 볼 수 있다. 이제 한국에서도 살아남으려면 손님들에게 더 높은 만족감을 선사해야만 한다. 그래서 마실은 9,900원 점심 메뉴와 더

불어 매달 신메뉴를 출시하는 것으로 손님들의 만족도를 극대화시켰다.

'착한 가게' 콘셉트는 로하스/웰빙과 여성 고객이라는 두 마리 토끼를 잡기 위한 비즈니스 모델을 찾다가 떠오른 아이디어다. 요즘은 부의 독점에 대한 거부감이 크기 때문에 소위 말하는 대박식당에도 안 좋은 시선을 보내는 분들이 있다. 그래서 음식을 팔아서 번 돈으로 좋은 일을 하는 '착한 가게' 콘셉트를 생각하게 된 것이다. 이것은 사회적, 윤리적 책임을 다하는 친환경 경영과도 맞물렸고, 감수성이 예민한 여성 고객들의 동참도 기대할 수 있었다. 마실은 '해피데이'라는 기부데이를 만들어 많은 손님들에게 착한 가게 이미지를 널리 알렸다. 해피데이는 한 달에 한 번 매출의 절반을 지역사회에 기부하는 형식이다.

이렇게 구체적인 방법을 지속적으로 실행하게 된 계기는 메가 트렌드를 반영하기 위해서이기도 하지만 '마실'이라는 브랜드 가치를 만들고 그 것에 공감하는 손님들을 확보하기 위해서였다. 단순히 마실의 음식이 맛있어서 찾는 손님들은 더 맛있는 음식점이 생기면 그 집으로 옮겨갈 것이다. 하지만 마실의 음식맛은 물론이고, 남다른 가치관까지 좋아하는 고객들은 단순히 맛이 좀 더 낫다고 해서 쉽게 발걸음을 다른 식당으로 옮기지는 않을 것이기 때문이다.

메가 트렌드의 흐름에 따라 손님들에게 가격대비 높은 만족도를 주는 건강한 음식을 제공하고, 나눔을 몸소 실천해온 것이 마실을 대박식당으로 만든 결정적인 이유다. 그렇기 때문에 만약 메가 트렌드 자체를 모르고 식당을 시작한 사람들은 지금이라도 본인의 식당에 어떤 메가 트렌드를 접목할지 연구하고 적용해야 한다. 박노진 대표는 상황이 절박한 식당일수록 빨리 매출을 올려야하는데, 매출을 높이려면 메가 트렌드를 피해갈 수 없다고 한다. 점차 노령화되는 사회 분위기에 맞추기 위해 노인분들이 쉽게 접근할 수 있도록 자장면을 2,000원에 파는 것은 어떨까? 또는 점심시간에 몰려드는 여성 손님들의 반응을 얻기 위해 새로운 점심 메뉴를 만드는 것은 어떨까? 이런 식으로 트렌드를 본인의 식당에 맞게 변경하고 만들어가야 한다. 여기서 주의할 점은 나이 드신 분들께 저렴한 가격에 음식을 제공하기 위해서 또는 가격대비 만족도를 높이기 위해서 섣불리 가격부터 낮추면 절대 안된다는 것이다. 가격은 내릴 수 있는 한계가 있는데 장사가 안된다고 원가 이하로 판매하게 되면 결국에는 적자누적으로 가게를 운영할 돈이 부족해져서 더 버티고 싶어도 못 버티게 되는 일이 발생한다. 최소한 식당 운영을 지속할 수 있는 범위 안에서 고객들의 만족도를 높일 수 있는 방법을 찾아야 한다. 만약 현재 식당이 안고 있는 문제를 혼자 해결할 자신이 없다면 전문가의 도움을 받는 등 적극적으로 돌파하려는 의지도 식당 경영자에게 필요한 자세이다.

1997년 IMF 경제위기 이후 우리나라는 여성의 사회 진출, 가족 붕괴와 같은 사회 변화를 겪었고, 그것은 외식산업의 발달로 이어졌다. 가족끼리 집에서 밥 먹는 횟수가 줄어들고, 외식을 하는 횟수는 늘어나면서 외식문화는 그 메뉴를 다양화하면서 발전해왔다. 이렇게 외식업은 경제, 사회의 영향을 직접적으로 받기 때문에 블루오션과 레드오션 간의 차이가 심한 것이다.

이런 외식업의 특성에도 불구하고 손님들에게 내 가족이 먹는다는 마음으로 기본을 지켜서 만든 음식, 넉넉하고 푸짐한 대접 그리고 언제 찾아도 한결같은 맛을 제공한다면 실패하지 않는다. 여기에 내 식당에서만 경험할 수 있는 요소 한 가지만 더하면 경기를 타지 않는 블루오션으로 진입할 수 있다. 태풍의 핵인 10% 대박식당의 꿈을 이루는 것이다.

박노진 대표는 외식산업에 대해 더 많이 연구하고 시도하면서 얻은 노하우로 블루오션에 더 많은 식당들이 진입할 수 있도록 돕는 것이 외식전문기업 '마실'의 목표라고 한다.

회사 같은 식당

일반적으로 식당 종업원은 일을 하다가도 언제든지 그만둘 수 있는 일용직인 경우가 많다. 하지만 마실은 이런 고정관념을 과감히 깨뜨렸다. 업계 평균보다 높은 수준의 급여와 복리 후생을 제공하고, 체계적인 시스템으로 직원을 관리하기 때문에 식당이 아니라 회사라는 생각으로 오랫동안 근속하는 직원들이 많다. 그만큼 마실이 안정적인 직장이란 의미이다. 마실은 업계 평균보다 10% 높은 급여 외에도 4대 보험 가입, 월 4회 휴무, 점심 준비 시간, 제철 과일과 같은 건강 간식 등 직원들이 일하기 좋은 환경을 제공한다. 이는 직원들에게 조금이라도 더 일하기 좋은 환경을 제공하기 위해 끊임없이 고민한 결과이다. 이렇게 직원들에게 안정적인 고용이라는 사회적 안전망을 보장하기 위해 매월 약 450만 원 정도를 투자하고 있다. 달리 생각하면 연간 5천만 원 정도의 수익이 줄어드는 것일지도 모르지만 박노진 대표는 직원들에게 편하게 일할 수 있는 환경을 제공하는 것을 무엇보다도 중요하게 생각한다. 이런 노력과 배려가 있기 때문에 마실 직원들이 사장님을 믿고 오랫동안 함께 일하는 것이다.

위와 같은 제도적 환경과 함께 마실은 체계적인 시스템을 바탕으로 식당을 운영한다. 식당일에 대한 일반적인 통념처럼 눈에 보이는 대로 처리하는 것이 아니라 각 파트별로 역할을 분명히 하고, 그에 따른 업무 분담과 진행 과정을 따른다. 각 파트의 일은 담당 팀장이 관리하고, 점장은 각 팀장들과 함께 마실 전체 관리와 운영을 도맡아한다. 마실 본점도 이런 시스템 덕분에 박노진 대표가 자리를 비워도 식당 운영에 아무런 문제가 없다. 물론 식당이 알아서 돌아가려면 시스템만으로는 부족하다. 일은 사람이 하는 것이기 때문에 적재적소에 인원을 배치하는 것이 핵심이다. 박노진 대표는 직원들에게 특정 인재상을 제시하고 그렇게 하도록 요구한 적은 단 한번도 없다. 다만 직원과 식당이 서로 도우며 함께 성장해가는 윈-윈Win-Win 관계를 만든 것뿐이라고 말한다. 식당에서 일하면서 직원 개인의 소망과 비전을 이룰 수 있도록 가능한 범위 내에서 최대한 지원하고 조율해야만 윈-윈 관계는 형성된다. 그렇기 때문에 대표가 없어도 모든 직원들이 자신이 맡은 업무를 주도적으로 수행하는 것이다.

메뉴 개발실을 별도 법인으로 설립한 이유도 앞으로 외식 컨설팅이나 마실의 전수창업점 전개 사업 등을 주도적으로 풀어나갈 직원들에게 회사를 물려주기 위해서였다. 그렇기 때문에 마실 점장이나 메뉴 개발실 직원들은 열정적인 자세로 일하고, 주도적으로 본인의 일을 만들어서 한다. 현재 마실 동탄메타폴리스점 사장은 전(前) 마실 메뉴 개발실 팀장이다. 오픈했을 당시 전(前) 메타폴리스점 대표가 식당을 운영하기 너무 힘들어서 마실 본점이 위탁 운영을 해보는 것이 어떠냐는 의견이 나왔는데 당시 메뉴 개발실 팀장이 자발적으로 맡겠다고 나선 것이다. 초반에는 마실 본사의 투자가 있었지만 꾸준한 매출 성장으로 수익이 늘었고, 올해 말에는 위탁 경영을 끝내고 실제 마실 동탄메타폴리스점주가 된다. 이러한 모습을 본 현재 메뉴 개발실 과장도 자기 식당을 하기 위해 매장 오픈과 운영, 관리 업무를 맡아 일하면서 식당을 운영할 수 있는 능력을 길러나가고 있다.

마실은 전수점의 매출도 철저하게 관리하는 것으로 유명하다. 1년 동안 점심 매출의 변화와 일일 매출액, 최근 5개월간의 원가 변화 등 전체 매출의 흐름을 보여준다. 이때 객관적 데이터와 정확한 원가 분석을 통해 어느 정도 이익이 남았는지 '손익프레임'으로 따져 보여준다. '손익프레임'은 일일 분석을 통해 재료비의 적정 비율을 맞춰주는데 매출이 적더라도 적자가 나지 않도록 관리해주는 시스템이다. 재료비 비율이 지나치게 낮으면 더 지출하고, 지나치게 높으면 줄이는 방식이다. 또 현금의 흐름을 통제하는 '일일 보고'라는 포맷을 만들어 겉으로 보기에는 돈이 남은 것처럼 보이지만, 실제 통장을 확인해보면 돈이 부족한 경우를 미리 방지한다. 서류상 천만 원이 남은 것으로 확인되면 실제 통장에도 천만 원이 남아야 하는데 식당 운영을 하다보면 그렇지 못한 경우가 종종 발생하기 때문이다.

　　마실은 위와 같은 매출 관리 방법과 원리를 모든 점주들과 공유하지만 실제 관리는 전수점이 아니라 본사에서 한다. 왜냐하면 마실 전수점은 마실 본사에서 제공하는 음식을 매뉴얼대로 만들어 판매하기 때문에 해당 데이터를 마실 본사에서 정확하게 알기 때문이다. 즉, 본사에서 매출에 따른 재료비 비율을 조절해주고, 전수점은 분석된 데이터를 받아보는 것이다. 마실은 앞으로도 계속 이런 방식으로 프랜차이즈 사업을 이어나갈 것이라고 한다. 매출이 줄어도 손실이 나지 않도록 하는 방법, 매출을 늘릴 수 있는 방법이 무엇인지 고민하는 것이 바로 사장의 역할이라고 생각하기 때문이다.

외식전문기업 마실은 박노진 대표가 없어도 숙련된 직원들에 의해 원활하게 운영될 수 있도록 끊임없이 새로운 콘텐츠를 만들고 있다. 처음에는 손님이 예약을 하고 식당에 찾아 음식을 맛있게 먹은 다음 가게를 나갈 때까지의 응대 방법을 시스템으로 만들어서 운영했다. 그런데 전수점과 컨설팅 의뢰가 늘어나면서 신메뉴 개발 시스템뿐만 아니라 마실 전수점과 일반 식당 각각의 특성에 맞는 컨설팅을 지원하기 위해서 전수창업과 신규창업 운영시스템을 따로 만들었다. 현재는 마실 브랜드를 점주의 성향이나 입지에 맞게 구축할 수 있도록 고급형 마실과 보급형 마실로 다양화시키는 시스템을 만들고 있다. 또한 2013년 출시를 목표로 커피 전쟁에서 실패한 커피 가맹점들에게 회생의 기회가 될 마실 제 2의 브랜드 '파스타 한정식' 사업을 진행 중이다.

끊임없이 새로운 영역에 도전하고, 그에 맞는 시스템과 인재를 길러낸 박노진 대표는 3~4년 후, 즉 마실을 운영한 지 10년째 되는 해가 되면 현업에서 물러날 계획을 가지고 있다. 본인이 마실을 떠나야만 기존의 마실에 머무르지 않고 새로운 색깔의 마실로 도약할 수 있다고 생각하기 때문이다. 하루가 다르게 변화하는 외식산업 분야에서는 현재의 성공에 머무르지 않고 다가올 변화에 대응할 수 있도록 준비하는 사람만이 살아남을 수 있다는 것이다. 박노진 대표는 새로운 외식문화를 선도할 더 전문적인 외식전문기업 '마실'의 청사진을 지금부터 그리고 있다.

마실에 마실가면 모두가 행복해진다

박노진 대표는 음식이 세상을 변화시키는 씨앗 역할을 하는 건강한 외식문화를 꿈꾼다. 메가 트렌드에 대해 이야기했듯이 소비자들은 몸에 좋은 음식을 선호하고, 자신의 소비가 다른 사람들에게 도움이 되기를 원한다. 바로 윤리적 소비에 대한 의식이 높아지고 있는 것이다. 그렇다면 외식문화도 소비자들이 원하는 방향으로 변모해야 한다고 생각한 것이다. 박노진 대표는 '마실에서 음식을 먹는 것이 곧 사회적으로 가치 있는 일을 하는 것'이 될 수 있도록 '해피데이'를 기획했다. 마실 본사와 전수점 모두 의무적으로 한 달에 한 번 매출의 절반을 지역사회에 기부하는 기부 이벤트로 마실이 지역사회 발전에 동참함으로써 손님들은 자동적으로 윤리적인 소비자가 되는 것이다.

박노진 대표는 마실 전수점이 아닌 개인 식당을 컨설팅할 때는 그 식당 상황에 맞춰 지역사회에 환원하는 방법을 권한다. 예를 들면, 지역 어르신들께 한 달에 한 번 자장면을 대접한다거나, '해피데이'처럼 기부하는 날을 정해 일정 금액을 지역사회에 환원하는 것이다.

마실의 '해피데이'를 통해 지난 5년간 기부한 금액은 벌써 1억 원을 넘었다. 박노진 대표는 마실이 외식전문기업으로 성장하면서 혼자만 잘 먹고 잘사는 것이 아니라 작게는 지역사회, 크게는 우리 사회 전체를 위해 나눔을 실천하면서 살아야겠다고 마음먹었다. 그리고 이런 '선한 영향력'이 하나의 외식문화로 당당하게 자리잡기를 바란다. 이 생각에 동의하는

많은 외식업 종사자들과 함께 건강한 외식문화를 만들어가는 것이 박노

진 대표가 마실을 넘어 외식업계 전반에 뿌리 내리고 싶은 가치이자 꿈

이다. **마·실**

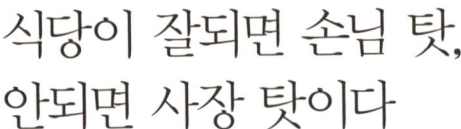

식당이 잘되면 손님 탓,
안되면 사장 탓이다

고객은 자신을 돕는 식당을 돕는다

식당 경영자나 식당 종업원은 항상 손님으로 가득 찬 식당을 생각한다. 어떤 아이템을 팔든 모든 외식산업 종사자들은 당장 앉을 자리가 없어 대기 손님으로 바글바글한 식당을 꿈꾼다. 하지만 이런 식당은 말 그대로 '꿈'일 뿐이다. 혹여 존재한다 하더라도 영원하지 않다. 왜냐하면 세상의 모든 장사는 잘되는 때가 있으면 안되는 때도 있기 때문이다.

미국의 화장품기업 레브론Revlon의 창업주 찰스 레브슨Charles Revson은 "우리 공장에서는 화장품을 만들고 있지만 상점에서는 꿈을 팔고 있다"는 유명한 말을 남겼다. 이 말을 듣는 순간, 구체화되지 않았던 '내가 꿈꾸는 식당의 모습'이 번뜩 떠올랐다.

> "우리 주방에서는 음식을 만들고 있지만 홀에서는 먹는 즐거움을 팔고 있다."

일반적으로 사람들은 소중한 사람과 함께 식사를 할 일이 생기면 조금 비싸더라도 유명한 식당을 찾아간다. 특히 여러 사람이 인정하거나, 가까운 지인이 추천하는 식당이라면 두말 않고 자신의 소중한 사람을 데리고 간다. 그 이유가 무엇일까? 함께하는 사람이 단둘이든 여러 사람이든 식사를 함께하면 만남의 목적을 훨씬 쉽게 달성할 수 있기 때문이다. 사랑하는 연인과 함께라면 프러포즈를, 부모님과 함께라면 고마움의 표시를, 사업 파트너와 함께라면 더 좋은 미팅 결과를 위해 맛있는 음식을 나누며 이야기하면 상대방과 더욱 친밀해지고, 분위기도 부드러워진다. 사람들은 기분좋게 배가 부르면 긍정적이고 느긋해지기 때문이다.

이렇게 고객들은 개인적인 또는 업무상 목적을 이루기 위한 공간으로 식당을 찾는다. 그렇기 때문에 신뢰할 수 있는 식당을 찾는 것이 당연하다. 유명한 식당을 찾는 이유는 그곳을 특별히 좋아해서라기보다는 음식에 대한 신뢰가 없는 식당에 갔을 때 생길 수 있는 위험 부담을 최대한 줄이기 위해서이다. 음식이나 서비스가 기대에 미치지 못하면 자신이 목적했던 바를 이루지 못하게 될 수도 있기 때문이다. 꼭 그렇다고 할 수는 없지만 대부분의 고객들은 소중한 사람과 함께하는 자리나 중요한 비즈니스 자리에서는 맛과 서비스가 들쑥날쑥한 식당보다는 일정한 맛과 서비스를 제공하는 식당을 선호한다. 예상치 못한 만족도 좋지만 중요한 자리에 걸맞는 만족감을 얻길 바라는 것이다.

이러한 관점에서 식당 비즈니스의 목적을 다시 한번 살펴보자. 비즈니스는 고객을 창조하고 유지하는 것이다. 번성하는 식당은 항상 손님들로 가득 차 있다. 그 식당만이 갖고 있는 무언가가 손님을 끌어모으는 것이다.

식당에 오는 손님들은 기본적으로 배가 고파서 온다. 그러나 한 끼 대충 끼니를 때우려고 식당을 찾는 손님들은 드물다. 물론 배가 고프긴 하지만 이왕 먹는 한 끼를 같이 먹고 싶은 사람과 함께 잘 먹고 싶은 욕망도 있는 것이다. 이것이 손님의 바람이다. 이 바람을 잘 충족시켜 주는 식당은 장사를 잘 하는 곳이다. 하지만 왜 손님이 오는지, 우리 식당을 찾는 손님들이 무엇을 원하는지 알고 싶지도 않고 관심도 없는 곳은 그냥 그렇게 하다가 어느 날 간판을 내리는 99%의 식당 중의 하나가 될 것이다. 기업의 목적은 사람들이 해결하고자 하는 문제점을 발견하고 해결하도록 도와주는 것이다.

―구본형, 『월드 클래스를 향하여』 중에서

손님을 끌어모으는 것, 바로 이것이 고객을 창조하고 계속 번성하는 것이며 고객을 유지하는 것이다. 손님이 원하는 것을 제공하면 손님은 식당에 찾아오게 되어 있다. 나비가 꿀을 찾아오듯 손님은 자기가 원하는 것이 있으면 기꺼이 돈을 내고 그것을 먹으러 온다. 고깃집이든 한식집이든 손님이 원하는 것을 알고 해결해주는 식당이라면 손님은 온다는 의미이다. 나는 이것을 한마디로 고객을 돕는 경영Customer-helping Business이라 부른다. 돈을 버는 것이 우선인 음식점은 결코 손님이 원하는 것이 무엇인지 생각하지 않는다. 이러한 식당은 얼마 가지 못한다. 초기 몇 개월 반짝하다가 사라지는 수많은 식당이 이런 부류에 속한다. "손님만 많이 와 봐라. 내가 얼마든지 투자할 수 있어."라고 하는 식당 경영자들은 많이 봐왔지만 손님이 만족할 때까지 늘 연구하고 투자해서 맛과 서비스를 향상시키려고 노력하는 경영자는 많지 않다. 그렇지만 성공하는 쪽은 언제나 후자다.

기업의 목적은 이윤추구가 아니다. 이윤은 경영의 결과일 뿐이다. 식당이라고 다를 바 없다. 식당의 목적은 내 식당을 찾는 손님들을 돕는 것이어야 한다. 그렇게 하면 반드시 번성하는 식당이 된다. 운동 경기에서도 경기 도중 선수들이 점수에만 신경쓰면 경기의 내용은 형편없어진다. 관중들은 그런 경기가 계속되면 다시는 경기장을 찾지 않는다. 승패에 관계없이 경기 그 자체에 몰두하는 선수들을 보고 관객들은 열광한다. 역사상 유명한 모든 명승부는 바로 이런 경기에서 나왔다. 식당도 마찬가지다. 손님을 위해 언제나 맛있는 음식을 제공하고, 서비스를 개선하고, 주변 환경을 청결히 하는 것에 집중하는 식당에는 항상 손님이 바글거린다. 반대로 그렇지 않은 식당을 찾는 손님은 없다. 손님을 잃고 번성하는 식당이 없듯 이윤을 먼저 밝혀서 성공하는 식당은 없다.

그렇지만 대부분의 식당 경영자는 손님보다 돈을 더 좋아한다. 나 역시도 돈이 좋다. 들어오는 손님보다 그들이 지불할 밥값에 더 관심이 가는 것이 사실이다. 나는 그럴 때마다 머리를 흔든다. '손님이 있어 내가 존재하는 것이다. 손님이야말로 나와 내 직원과 우리 가족들을 살려주는 신과 같은 분들이야. 손님 마음에 들지 않으면 내일 우리는 길거리로 나앉을 수도 있어.' 이런 생각을 하며 정신을 가다듬고, 진심으로 손님들에게 고마운 마음을 갖는다. 손님이 아니면 지금 나는 할 일이 하나도 없다. 손님이 있기 때문에 오늘 내가 먹고살 수 있는 것이다.

그러니 손님에게 몰두하라. 우리 식당이 가진 입지, 메뉴, 홀 내부, 서비스 모두를 연구하여 우리 식당의 고객은 누구인지 찾아야 한다. 그리고 그들이 우리 식당을 찾아오도록 최선의 노력을 다해야 한다. 운동 경기의 목적이 좋은 경기 그 자체인 것처럼 식당 비즈니스의 목적은 오직 손님에게 몰두하는 것뿐이다. '손님을 돕는 식당' 바로 이것이 외식 비즈니스가 가진 단 하나의 목적이다.

내 식당의 매력지수를 높여라

내 가게를 열면 그것이 어떤 분야든 세상 사람들이 모두 내 고객인 것처럼 보인다. 옷가게를 열면 길거리에 지나다니는 사람들이 전부 다 내 가게에서 옷을 살 것 같고, 식당을 열면 금방이라도 손님이 쳐들어올 것만 같다. 준비도 미처 끝내지 못했는데 손님이 문을 열고 들어와 음식을 주문할 것 같고, 옆 식당은 파리만 날려도 내 식당은 손님들로 가득 찰 것 같다. 남녀노소를 불문하고 내 식당을 찾아주고, 좋아할 것 같은 느낌이 든다. 하지만 현실은 다르다. 고객들은 모두 좋아하는 것이 다르고, 끼리끼리 모이는 경향이 있으며, 매일 같은 음식을 먹지도 않는다. 더구나 특색 없는 식당은 아예 찾지도 않는다. 아무 노력도 하지 않으면 짝사랑처럼 혼자서만 손님을 바라보다 문을 닫는 식당이 되고 만다.

장사가 가장 잘되어야 할 저녁에 손님이 한테이블도 없는 식당이 갈수록 늘고 있다. 왜 손님이 오지 않는지 알고는 있을까? 그저 열심히 준비해서 손님이 찾아주기만을 기다리고 있는 것일까? 그렇다면 손님으로 가득 차 있는 바로 옆 가게는 왜 그럴까? 손님들은 냉정하다. 손님이 없는 식당에는 아예 들어가지 않는다. 뭔가 이유가 있다고 생각하기 때문이다. 장사가 안되는 식당들의 원인을 살펴보면 콘셉트가 확실하지 않은 경우가 많다. 타깃을 정했으면 그 콘셉트에만 집중해야 한다. 점심시간에 가벼운 점심을 먹을 직장인들을 대상으로 콘셉트를 잡았다면 그에 맞춰 준비하면 된다. 이때 저녁영업은 '잘되면 좋고'라고 생각해야지 욕심을 부리면 안된다. 가족 고객을 대상으로 하는 돼지갈비전문점을 생각했다면 그 콘셉트에 맞는 메뉴와 환경으로 준비해야 한다. 예를 들면, 손님들이 고기를 먹으면서 아이들이 노는 모습을 확인할 수 있도록 안이 훤히 들여다 보이는 놀이방을 만든다든지 하는 것처럼 말이다. 가족 단위 손님을 타깃으로 정했는데 단체 손님도 받고, 연인들도 찾아오는 식당으로 만들겠다는 욕심을 부리면 이것도 저것도 아닌 그냥 동네 식당이 되고 만다. 가족들끼리 외식하는 식당, 점심식사 메뉴가 특화된 식당, 회식하기 좋은 식당, 단둘이 가고 싶은 식당 등등 내 식당만이 가지는 특징을 정하고 그에 맞는 준비를 확실히 해야 한다.

손님을 쫓아가지 말라는 것은 "아무거나 다 맛있어요" 하는 식당이 되지 말라는 뜻이다. 된장찌개도 맛있고, 칼국수도 맛있고, 해장국도 맛있다는 식당에는 손님이 몰리지 않는다. 한 가지만 확실하게 잘하는 식당이나 전문점에 손님이 찾아오는 법이다. 식당의 목표가 명확해야 하고, 그 목표물을 향한 조준 역시 제대로 해야 한다. 이렇게 하다보면 처음에는 타깃으로 정하지 않았던 손님들도 찾아오기 시작한다. 어느 식당이 맛있다고 소문이 나면 호기심 반, 기대 반으로 찾아오기 때문이다. 그리고 소문대로 뭔가 다르다고 느끼면 두 번, 세 번 재방문하고 다른 사람들도 끌고 온다. 이런 날들이 하루 이틀 계속되면서 대박식당으로 자리잡는 것이지 어느 날 갑자기 성공하는 것이 아니다.

'마케팅'이란 단어는 마치 전쟁에서 적을 상대하는 것처럼 고객이 원하는 것만 쫓는 개념으로 느껴진다. 식당 비즈니스에서의 마케팅은 고객의 필요와 욕구를 충족시켜서 음식과 밥값의 교환이 일어나도록 만드는 일련의 활동들을 말한다. 요즘에는 마케팅 개념이 많이 발전해서 '고객만족을 통한 이윤의 추구'로 통용되고 있다. 손님이 내는 밥값 이상의 만족을 주면 손님은 기분좋게 식당을 나서게 되고 추후 다시 찾아오는데 이런 과정을 되풀이하게 만드는 활동이라고 보면 된다. 손님을 쫓아가지 말라는 것은 거꾸로 손님이 찾아오게 만들라는 의미다. 내가 만든 음식을 먹어줄 사람을 찾아다니는 것이 아니라, 사람들이 내 음식을 찾아오게 하는 것이 외식마케팅이다. 경쟁이 치열할수록 고객들은 여러 시야에 가려 보이지 않는다. 물속 깊이 있는 물고기를 잡으러 물속으로 들어가는 것보다 미끼를 물러나오는 물고기를 낚는 것이 더 쉬운 것처럼 손님들이 내 식당의 맛과 서비스에 이끌려 제 발로 찾아오게 만들어야 한다.

외식마케팅은 유혹적이어야 한다. 유혹의 원래 뜻은 '남을 꾀어서 마음을 품거나 그릇된 행동을 하게 함'이다. 남을 꾀어서 마음을 품게 하려면 달콤하고 향기로워야 하고, 올가미나 덫도 있어야 한다. 세일즈가 도망치는 짐승에게 달려들어 창을 꽂는 것이라면 마케팅은 짐승이 다니는 길에 미끼로 올가미와 덫을 놓는 것이라는 말이 있다. 바람과 태양의 우화에서 나그네가 옷을 입고 벗는 것은 자발적인 행동이다. 이 나그네가 언제든 옷을 입고 벗을 준비가 되어 있는 것처럼 손님들은 언제든 맛있는 음식을 먹을 준비가 되어 있다. 그들은 식당에서 유혹해주기만을 기다리고 있는데 정작 식당에서는 제대로 된 유혹은 못하고 엉뚱한 추파만 날리고 있는 경우가 많다.

유혹의 또 다른 의미는 '돕는 것'이다. 이 책 전체에서 강조하고 있는 주제 중 하나이기도 한 '손님을 돕는 식당' '고객이 찾아오는 식당' '어제보다 나은 식당'이다. 적어도 내겐 언제나 가슴 뛰는 단어들이다.

'손님이 찾아오는 식당'을 만들기 위해서는 명확한 콘셉트와 더불어 그에 걸맞게 주변 환경도 정리해야 한다. 단체 회식을 전문으로 하는 식당을 예로 들면, 주차 시설과 별도로 독립된 크고 작은 공간들을 마련해야 한다. 또한 단체 손님들을 전담할 수 있는 숙련된 종업원을 고용해야 한다. 20여 명 정도의 손님들이 고기를 굽는데 한 테이블은 고기가 타고, 다른 한 테이블은 고기가 제때 올라가지 않으면 큰소리가 나기 마련이다. 이쪽에서는 반찬을 더 달라고 하고, 저쪽에서는 술을 더 달라고 하고, 또 다른 쪽에서는 밥도 함께 달라고 한다. 또 불판을 갈아달라고 보채는 등 왁자지껄한 분위기에서 속은 바짝바짝 타들어간다. 이런 과정을 무리 없이 소화해내야만 다음에 그 손님들이 다시 찾아온다.

주차 공간과 독립된 회식 공간은 기본이다. 거기에 숙련된 종업원과 달라는 만큼 추가로 반찬을 내주는 주방 그리고 마지막 계산까지 물 흐르듯 부드럽게 연결되어야 한다. 음식이 맛있어야 하는 것은 말할 것도 없다. 손님이 찾아오는 결정적인 요인은 음식맛이기 때문이다. '남을 꾀어 마음을 품게' 하려면 이 정도는 갖춰야 한다. 유혹은 매력이 있어야 가능한 법인데, 유혹은 아무나 할 수 있지만 매력은 아무나 가질 수 없다. 매일 조금씩 꾸미고 가꾸지 않으면 만들어지지 않는다.

식당의 미래는 멀리 보고, 식당의 오늘은 꼼꼼하게 봐라

식당을 처음 시작한 초반 몇 달간은 손님 맞으랴, 재료 구입하랴, 직원들 관리하랴 다른 생각을 할 틈이 없었다. 더구나 처음 시작한 식당치고는 매출이 좋았기 때문에 직원수가 많을 때는 20명이 넘을 때도 있었다. 매상이 커지면 당연히 씀씀이도 커지고, 알게 모르게 돈이 새어나가는 구멍이 여기저기 생기게 마련이다. 가을이 지나고 송년인 12월을 정점으로 겨울로 접어들 때쯤 곶감 빼먹듯 쓰던 통장잔고가 바닥이 난 것을 알게 되었다. 신용카드 결제대금을 입금하던 통장의 잔고가 마를 것이라곤 생각지도 못했다. 오늘 빼서 쓰면 내일 또 채워지는 도깨비방망이같이 한없이 써도 가득 차 있을 것이라고 여겼던 것이다. 이렇게 한번 구멍 난 통장은 이후 1년 이상 식당의 자금 사정을 악화시켰고, 운영을 어렵게 만들었다. 어느 순간부터 외상으로 재료를 사게 됐고, 직원들 월급도 하루 이틀 밀리기 시작했다. 임대료도 보증금에서 제하기 시작했으며, 공과금마저 연체하기 일쑤였다. 더 심각한 문제는 객관적인 어려움만으로 끝나지 않았다는 것이다. 식당 대표인 나는 자신감을 잃었고, 직원들은 식당에서 일하는 것이 즐겁지 않다고 하소연했다.

게다가 눈앞의 문제를 극복할 해결책을 안에서 찾지 않고 바깥에서 찾은 것이 문제를 더 악화시켰다. 돈이 없으면 살림살이를 더 줄였어야 했는데 대출을 받기 시작한 것이다. 제법 규모가 있는 식당이니 은행에서는 좋은 조건에 대출을 해주었다. 한푼 두푼 받기 시작한 대출은 어느 순간 내가 감당할 정도를 넘어버렸다. 식당을 운영한 2년 동안 돈을 벌기는커녕 있는 돈을 다 까먹고 그것도 모자라 남의 돈까지 가져다 쓰는 어리석은 행동을 알면서도 멈추지 못했다. 2년이 지나기 시작하면서 뒤늦게라도 내부 살림을 줄이고 개선점을 찾아나섰지만 식당을 정리할 때까지도 빚은 여전히 남아 있었다. 규모가 컸던 만큼 빚도 많았던 것이다.

정신을 차리고 원인을 찾기 시작했다. 제일 먼저 무엇을 해야 할지 천천히 살펴보았다. 그리고 여러 외식 경영 전문가들을 찾아가 자문을 구했다. 대답은 간단명료했다. 결산을 한 달 단위로 한 것이 가장 큰 문제였다는 것이다. 장사가 계속 잘되었다면 그럭저럭 굴러갔겠지만 어느 순간 손해볼 정도로 어렵게 되었다면 이미 그때는 손실을 만회하기 어렵다고 했다. 나의 경우도 예외는 아니어서 장사가 어려워지고 몇 달간 내부에서 문제를 해결하려 한 것이 아니라 외부 자금으로 해결하려 하다보니 결국에는 빚이 빚을 만들었던 것이다. 경쟁력 있는 식당의 기본은 탄탄한 조직력과 자금 운용에 있다는 것을 비싼 수업료를 물고 난 다음에야 알게 되었다.

그래서 한 달이 아닌 하루 일계표를 만들기 시작했다. 엑셀로 양식을 만들었는데 몇 번의 수정을 거쳐 지금의 양식이 완성되었다. 이 일계표는 매일 구매하는 재료비는 물론 일반경비, 그리고 인건비까지 하루 단위로 기입된다. 원하는 날짜, 주단위, 월단위로 분석하고 있어 확인이 필요한 날짜에 들어가 보면 그날까지의 재료비, 인건비가 한눈에 들어온다. 그리고 매출 대비 원가 비율이 정리되어 있어서 분석이 아주 쉽다. 수도광열비는 매일 분석하기 어렵기 때문에 일반경비에 포함시키지는 않았지만 월말에는 반드시 포함시켜 가결산에 반영한다. 마실에서는 이를 '일일 분석'이라 부른다.

이 시스템이 안정된 다음에는 재료들을 종류별로 구분하여 구매 금액을 정리하기 시작했다. 예를 들면, 이번 달에 양파가 총 얼마 들어왔는지 한눈에 알아볼 수 있도록 정리했다. 이 재료별 구매 양식은 각 메뉴별로 재료비가 많이 들었는지, 적게 들었는지 분석하기에 안성맞춤이었다. 재료비가 높음에도 불구하고 고객만족도가 떨어지는 메뉴가 있기 마련인데 이런 자료를 만들기 전까지는 각 메뉴당 원가가 어느 정도인지 전혀 알 수 없었기 때문에 감으로 판단하는 경우가 많았다. 지금은 이런 재료별 구매 자료 덕분에 근거에 의한 정확한 판단이 가능하게 되었다.

월초에는 재료비나 인건비를 조절하기 쉽다. 월초에는 재료비가 많이 들면 조금씩 줄이는 것이 가능하지만 월말이 가까워질수록 재료비 조절은 어렵다. 이미 이번 달 매출 목표의 70~80%를 달성했는데 당장 재료비를 줄일 수 있는 여지는 거의 남아 있지 않다. 이 시점에서 재료비를 줄인다는 것은 목표를 달성하기 위해 음식의 양을 줄인다는 것인데, 이것은 손님을 포기하는 것과 같다. 식당을 운영하다보면 가장 어려운 것이 바로 상황에 맞게 적정 재료비를 투입하는 것이다. 무조건 음식의 양을 늘리거나, 줄일 수 없기 때문에 마치 외줄타기하는 것 같은 아슬아슬한 느낌이 든다.

'일일 분석'에 재료비 분석만 있는 것은 아니다. 매출 분석도 한다. '매출 분석'을 통해 매달 판매 목표를 어느 정도 달성했는지 볼 수 있고, 이에 대해 분석함으로써 매상 기획을 할 수 있다. '매상 기획'이란 연간 판매 목표를 정한 다음, 이것을 달성하기 위해서 매달 얼마나 판매해야 하는지 월별 판매 목표를 정하고 매일 매출을 확인하면서 목표 대비 달성률을 분석하는 것이다. 예를 들어, 한 달에 6천만 원을 목표로 한 식당이 있다면 매일 200만 원씩 팔면 된다. 그러나 실제로 매일 200만 원씩 파는 것은 쉬운 일이 아니다. 월요일 매출과 금요일 매출이 다르고, 월초, 월 중순, 월말 매출이 모두 다르기 때문이다. 뿐만 아니라 식당 매출은 날씨와 계절에 많은 영향을 받는다. 그런데 '매상 기획'을 하면 일별로 판매 추이를 알 수 있기 때문에 작년 판매 금액을 보고, 금년 판매 금액을 예측할 수 있다. 무엇보다도 '일일 분석'은 무리하지 않고 식당을 안정적으로 끌어갈 수 있게 해준다. 불필요한 외부 자금을 끌어들이지 않고도 내실 있는 살림살이가 가능하다. 식당이 작으면 작은 대로, 크면 큰 대로 탄탄하게 운영할 수 있는 판단의 기초가 바로 '일일 분석'에서 나온다.

음식 사업이 성공하느냐 못하느냐의 최종 결과는 '얼마나 많은 고객이 찾아와 만족을 느끼고 돌아가느냐'에 달려 있다. 그래서 음식 사업의 목적은 '고객을 돕는 것'이라고 규정한 것이다. 그렇지만 식당이 성공한다는 것은 이익 또한 많이 남아야 한다는 것을 의미한다. 손님은 많은데 남는 것이 없다면 계속 식당을 운영하고 싶을까? 돈이 안되는데 굳이 해야 할 필요성을 느끼지 못할 것이다. 손님도 많고, 돈도 많이 버는 식당을 만들고 싶은 것은 모든 외식창업자의 꿈이다.

식당의 손익구조는 크게 3가지로 나눠진다. 재료비와 인건비 그리고 일반경비이다. 인건비와 일반경비는 특별한 경우를 제외하고는 대부분 고정비이고, 재료비는 매출에 따라 움직이는 것이 가능한 변동비의 성격을 띠고 있다. 보통 인건비는 업종에 따라 차이는 있지만 평균적으로 매출의 20~30% 정도를 차지한다. 일반경비는 20% 전후가 되도록 맞추는 것이 좋다. 그렇다면 재료비는 어떨까? 몇몇 특수한 요리를 제외하고는

손익 프레임

매출	100%
재료비	30~40%
인건비	25~30%
일반경비	20%
합계	75~90%
목표순이익	10~25%

● 위 표와 본문 간의 수치에 차이가 있는 이유는 정확한 비율에 맞추기보다는 상황에 맞게 근접한 비율로 운영하면 된다는 것을 보여주기 위함이다.

30~40% 정도로 매출의 대부분을 차지하는 것이 바로 재료비이다. 물론 재료비가 20% 정도인 식당도 있고, 50% 가까이 차지하는 업종도 있긴 하지만 매우 드물다. 위 3가지를 합해보면, 원가가 가장 적게 드는 경우가 총 매출 대비 70% 정도이고, 가장 많이 드는 경우가 100% 이다. 팔아도 남지 않는 식당, 바로 적자가 나는 식당이 있다는 말이다. 적자가 나는 식당은 재료비 50%, 인건비 30%, 일반경비 20%인 경우라고 볼 수 있는데 사장 본인의 인건비나 세금, 공과금은 거의 계산하지 않는 경우가 대부분이기 때문이다. 거짓말 같지만 현실은 이렇게 녹록지 않다. 식당 매출이 많고, 적음에 상관없이 적자가 나는 식당들은 분명 존재한다.

결론적으로 식당의 원가구조는 80%에서 많으면 85% 정도 되는 것이 가장 좋다고 볼 수 있다. 고객 입장에서 생각하더라도 적절한 원가를 투입하는 것이고, 식당 경영자 입장에서도 괜찮은 수익구조를 확보하는 것이다. 많이 벌면 벌수록 좋겠지만 원가와 고객의 상관관계는 비례하기 때문에 원가가 줄어들면 고객수도 줄어든다는 것을 알아야 한다. 내가 경험한 가장 이상적인 원가구조는 재료비 35%, 인건비 30%, 일반경비 20%로 순이익이 매출 대비 15% 남짓 되는 것이다. 물론 여기서 각 비용 간의 비율을 조정하는 것은 얼마든지 가능하다. 재료비를 40%로 높게 잡으면 인건비는 28%, 일반경비는 17%로 조정하는 것이다. 순이익 15%가 별것 아니라고 생각하는 사람들도 있겠지만 100개의 식당이 문을 열면 90개의 식당은 망하고, 7개 정도의 식당은 현상 유지를 하고, 단 3개의 식당만 대박식당으로 수익을 내는 현실에서 15% 정도의 순수익을 남긴다는 것은 대단한 내공을 가진 식당이다.

손익프레임은 어느 한순간 만들어지지 않는다. 적어도 6개월 또는 1년 정도의 시간을 가지고 꾸준히 조절하면서 만들어가야 한다. 오픈 초기나 장사가 잘되지 않을 때는 원가 비율이 높아지더라도 매상을 높이는 데 주력하고, 어느 정도 매상이 자리를 잡으면 원가를 조절하는 것이 좋다. 아무리 원가가 적게 들어간다고 하더라도 매출이 일정 수준을 넘어가지 못할 때는 인건비나 일반경비를 생각만큼 줄이기 힘들기 때문이다. 그렇기 때문에 '일일 분석'을 통해 손익프레임을 잡아가는 방법을 추천한다. 월초에 잡히지 않는 손익이 월말이 된다고 잡힐 리 없고, 이번 달에 목표를 달성하지 못한 원가 비율을 다음 달에 갑자기 달성할 리는 없기 때문이다. **마실**

담양愛꽃 박영아 대표

고객의 요구를 파악하는 길은 3가지라고 한다. 고객의 불평과 불만에 귀 기울이는 것이 첫번째이고, 떠나간 고객을 분석하는 것이 두번째라고 한 다. 그렇다면 마지막 세번째는 무엇일까? 바로 새로운 고객을 관찰하는 것이다. 새로운 고객을 맞이하면 왜 우리 음식점을 찾아왔는지 알 수 있 기 때문이라고 한다.

대박식당이 되는 방법은 어렵지 않다. 바로 이 3가지에 충실하면 된 다. 즉, 고객들이 재방문하거나 새로운 고객이 늘어나는 것은 고객들의 불평과 불만을 해소하기 위해 얼마나 노력하느냐에 달려 있는 것이다. 나 는 고객의 불평과 불만을 해소하는 것이 얼마나 힘든지 잘 알기 때문에 최대한 그런 상황이 일어나지 않도록 하는 것을 최우선으로 생각한다. 그 리고 현장에서 불편 사항을 마주하게 되면 바로 해결하기 위해 최선을 다 한다. 그것이 외식업의 현장에 있는 내가 할 수 있는 '유일하고 올바른' 문제 해결 방법이라고 믿기 때문이다.

긴 여정을 뒤돌아보면 아쉬움이 남지만 즐거운 여행이었다. 담양愛꽃과 우리 고객을 다시 되돌아보는 계기가 되었기 때문이다. 어렵고 힘든 시기에 이 책을 읽는 모든 사장님들께 힘이 되었으면 하는 바람이 간절하다.

엘림 들깨 수제비 김영록. 김제명 대표

2006년 7월 처음 식당을 오픈했던 때가 생각난다. 이미 경상북도 영주에서 손님이 바글바글한 시동생네 식당 메뉴로 야심차게 시작한 해물 칼국수 가게였다. 하지만 음식을 먹어본 앞집에서 우리집 개도 안 먹는다고 하는 게 아닌가. 가게는 일주일 만에 간판을 내렸고, 나는 큰 충격에 빠졌다. 하지만 좌절하지 않고 여러 생각을 떠올렸다. 불현듯 한여름에 내가 만든 콩국수를 사람들이 맛있게 먹는 모습이 떠올랐고 나도 모르게 자신감이 생겼다. 콩국수를 메뉴로 다시 식당을 열었고, 날씨가 서늘해지면서 들깨 수제비를 시작했는데 이게 대박이 된 것이다. 지나고 보니 위기가 곧 기회가 된 셈이다.

이 글을 쓰면서 나를 돌아보고 정리할 수 있어서 행복했다. 모든 일에 두드러진 것도 없고, 그냥 평범한 사람이라고 생각했는데 음식에 있어서만큼은 정성과 열정이 있는 사람이라는 것을 글을 쓰면서 깨닫게 되었다. 또 음식 만드는 일을 좋아하고, 좋아하는 일을 즐기고 있으니 나는 진정 인생 이모작에 성공한 사람이라는 생각이 들었다.

시인 롱펠로우가 『인생 찬가』에서 노래했듯이 사람은 기다릴 줄 알아야 한다. 언젠가 자기의 시대가 반드시 온다는 자신감을 가지고 꾸준히 준비하고 실력을 길러야 한다. 실력이 있는 자만이 자기의 시대가 왔을 때 그 기회를 잡을 수 있기 때문이다. 이것이 이미 대박식당을 이룬 내가 지금도 월간지와 책을 손에서 놓지 않고, 꾸준히 세미나에 참석하고 있는 이유이기도 하다.

금수저은수저 김유미, 한기섭 대표

돌이켜보면 무지했기에 시작할 수 있었던 도전이었다고 생각한다. 나름 철저한 준비와 잘되리라는 기대를 가지고 외식업을 시작했지만, 사실 햇살이 비치는 격자무늬 창문에 반해 시작한 가슴앓이였다. 남들이 들으면 어이없겠지만 경험, 자금 등 모든 것이 부족한 상황에서도 우리는 긍정적인 마음으로 최선을 다하면 무언가 이룰 것이라고 생각했다. 그 덕분에 어려울 때마다 보이지 않는 도움의 손길들이 있었고, 훌륭한 멘토를 만날 수 있었다고 생각한다.

'기본에 충실하라' 흔한 말이지만 실천하지 않으면 아무 의미 없는 미사여구일 뿐이다. 이 말을 늘 마음에 새기고 즐거운 마음으로 음식을 만들고, 정성껏 고객을 접대했다. 또 '나만 성공하면 그만이다'라는 생각보다는 모두 함께 성장하기를 바라며 매출의 일부를 나누는 사랑 나눔 기부 행사에도 참여했다.

작지만 성공한 식당, 나눔을 실천하는 식당으로 자리매김할 수 있도록 도움을 주신 분들께 지면을 통해서나마 감사의 말을 전할 수 있게 되어 행복하다. 마지막으로 금수저은수저만의 음식과 스토리를 함께 만들어온 우리 직원들의 수고와 노력이 가장 큰 힘이 되었음을 고백한다.

마실 박노진 대표

긴 시간 함께 지내온 날들만큼이나 즐거운 과정이 마무리되었다. 역시나 나에게 책을 쓴다는 것은 또 다른 공부와 배움의 과정이다. 사람에게서 배우고, 음식에게서도 배우면서 그 안에 또다른 배움의 자식들이 만들어진다. 바로 새로움과 창조가 그것이다. 아이디어가 깊이 있는 고민과 끈기로 생명력을 얻는 것처럼, 새로움과 창조는 배움에 있어서 깊이 있는 고민과 끈기를 가졌을 때 비로소 살아난다.

날것 그대로의 신선함으로 시작했던 우리들의 프로젝트가 장맛이 깊이 숙성되듯 오랜 시간 넉넉한 맛으로 변신하길 기대한다. 또다른 기회가 주어진다면 더 나은 작품으로 독자들을 만나고 싶은 마음이 간절하다.

참고 도서

이 책에서 인용문은 별도로 따오거나 표시하려고 노력했다. 그러나 사례를 인용하거나 더 좋은 글들이 문장에서 그대로 옮겨진 부분도 없지 않다. 그런 연유로 굳이 출처를 밝히지 못한 부분이 있음을 밝혀둔다. 글의 내용이 책의 흐름 속에서 살아 있음이 더 낫다고 판단했기 때문이다. 그럼에도 불구하고 인용과 사례가 어디에서 출발했는지를 알려야 하는 것은 나의 의무이다. 아울러 좋은 글과 사례를 세상에 내보내주신 선배 저자 분들께 감사의 인사를 전한다.

○ 박노진, 『공부하는 식당만이 살아남는다』, 다산북스, 2010

○ 구본형, 『나, 구본형의 변화 이야기』, 휴머니스트, 2004

○ 사하&보비 하셰미, 『나의 첫 사업 계획서』, 민음인, 2005

○ 황교익, 『미각의 제국』, 따비, 2010

○ 전길희, 『서비스 슈퍼스타』, 아비아북스, 2012

○ 대니 메이어, 『세팅 더 테이블』, 해냄, 2007

○ 김헌희外, 『외식업 판촉 이렇게 해야 성공한다』, 백산출판사, 2001

○ 김영혁外, 『우리 까페나 할까?』, 디자인하우스, 2005

○ 구본형, 『월드 클래스를 향하여』, 생각의 나무, 2000

○ 짐 콜린스, 『좋은 기업을 넘어 위대한 기업으로』, 김영사, 2002

○ 백종원, 『초짜도 대박나는 전문식당』, 서울문화사, 2010

○ 『월간 식당』

○ 『월간 외식경영』

식당공신

초판 인쇄	2013년 8월 1일
초판 발행	2013년 8월 8일

지은이	박노진 김영록 김유미 박영아
펴낸이	김승욱
편집	김승관 부수정 한지완
디자인	김이정 정연화
마케팅	이숙재
온라인마케팅	김희숙 김상만 이원주 한수진
제작	서동관 김애진 임현식

펴낸곳	이콘출판(주)
출판등록	2003년 3월 12일 제406-2003-059호

주소	413-120 경기도 파주시 회동길 216
전자우편	book@econbook.com
전화	031-955-7979
팩스	031-955-8855

ISBN 978-89-97453-14-6 03320

∗이 도서의 국립중앙도서관 출판시도서목록(CIP)은 e-CIP 홈페이지(http://www.nl.go.kr/ecip)와 국가자료공동목록시스템(http://www.nl.go.kr/kolisnet)에서 이용하실 수 있습니다. (CIP제어번호: CIP2013012788)